W0063946

Von Albert + Margarette 18.6.00

Estela Canto · Borges im Gegenlicht

Estela Canto

Borges im Gegenlicht

Aus dem Spanischen von
Christian Hansen

Verlag Antje Kunstmann

Erste Auflage 1998
© für die deutsche Ausgabe:
Verlag Antje Kunstmann GmbH, München 1998
© der Originalausgabe: Estela Canto, Madrid 1989
Die Originalausgabe erschien unter dem Titel
Borges a Contraluz bei Espasa-Calpe S.A., Madrid
Umschlaggestaltung: Michel Keller, München
Satz: Frese, München
Lithografie: Reproline, München
Druck & Bindung: Pustet, Regensburg
ISBN 3-88897-194-2

Inhalt

Einleitung 7
Erste Begegnung 15
Argentinische Kulissen 29
Borges & Co. 41
Mutmaßungen 45
Jugend in Genf, Heimkehr 49
Calle Florida 55
Parque Lezama und die Folgen 71
Mutter 83
Briefe von Borges 117
Schlüssel und Anekdoten 131
Das Unerbittliche Gedächtnis 139
Borges und das wahre Gesicht 153
Der Zahir 167
Das Aleph 173
Die Inschrift des Gottes 177
Der Eindringling 179
Die Jahre danach 185
Editorische Notiz 224

Einleitung

»... die genaue
Gestalt, die Gott seit allem Anfang kannte.«
Jorge Luis Borges, *Mutmaßendes Gedicht*

IN SEINEN GEDICHTEN, in fast allen Erzählungen und sogar
in einigen Interviews vertrat Borges hartnäckig die Ansicht, daß
ein Mensch »alle Menschen« ist, das heißt, ein Mikrokosmos,
der alle Möglichkeiten in sich trägt.

Der Gedanke war natürlich nicht neu. Er geht auf die
Spätantike zurück, war den spanischen Kabbalisten Anlaß zu
endlosen Spitzfindigkeiten, wurde von leidenschaftlichen Re-
naissancephilosophen wiederbelebt und führt bis auf den heutigen Tag ein ruhmloses Leben in theosophischen Volks-
ausgaben. Borges begegnete ihm indes in den Büchern der
Kabbalisten – etwa im wahrscheinlich von Moisés de León ge-
schriebenen »Buch Sohar« –, die eine unwiderstehliche Anziehungskraft auf ihn ausübten. Die Idee des Menschen als Mikrokosmos kennt zwei Ausprägungen: eine schwache (esoterische,
arische) und eine starke (geheime, traditionsverhaftete, jüdische). Borges folgte der Tradition mit starkem Vorzeichen.

Diese Tradition verlangt, über die letzten Wahrheiten einen
Schleier zu breiten, und auf seine Weise kam der im Grunde
redselige Borges der Forderung nach. Von seinen ersten Arbeiten an zeigte er sich rätselhaft und widersprüchlich. Einer seiner frühen Essays ist mit einem Zitat von Thomas de Quincey
überschrieben, das seine zweideutige Haltung vollständig zum
Ausdruck bringt: »...a mode of truth, not of truth coherent and
central, but angular and splittered.«

Es lag etwas Ausweichendes, schwer Faßbares in Borges'

---

* Jorge Luis Borges, *Evaristo Carriego* (1930)

7

Persönlichkeit. Von denen, die ihn kannten oder zu kennen glaubten, hatte jeder sein ganz eigenes Bild von ihm; das wiederum oft sehr wenig mit dem Menschen zu tun hatte, den seine Bewunderer bei ihren gelegentlichen Besuchen in der Calle Maipú 994 zu Gesicht bekamen. Eine in seiner Natur verborgene, von kaum jemandem wahrgenommene Koketterie ließ ihn diesen Leuten den Borges zeigen, den sie sehen wollten.

Ich hatte das Glück, ihn in der vielleicht wichtigsten Phase seines Lebens kennenzulernen, in der Zeit, als er den Zenit seines literarischen Schaffens erreichte. Zwischen seinem fünfundvierzigsten und zweiundfünfzigsten Lebensjahr war ich eng mit ihm befreundet; damals widmete er mir die Erzählung *Das Aleph*, die viele als sein bedeutendstes Werk ansehen.

Ich werde über den Borges jener Jahre schreiben, über den Menschen auf halbem Weg zwischen einer in seinen Augen gescheiterten Jugend und einem Alter, in dem sein Ruhm ihm zeitweise unerträglich wurde. Unsere Freundschaft aber währte, mit allen Höhen und Tiefen, bis an sein Lebensende. Im November 1985 sah ich ihn zum letzten Mal, bevor er Argentinien verließ, um den Schlußstein an sein Leben zu setzen, den Kreis seines Schicksals zu schließen und zu sterben.

Die Aufgabe ist nicht leicht: Zu viele Umstände meiner Jugend sind in diese Zeit zwischen 1945 und 1952 verwickelt. Und zwangsläufig werde ich auf Ereignisse zu sprechen kommen, die unschön oder indiskret erscheinen mögen. Alle sind wir in uns eingeschlossen, können andere nur erahnen und sehen in ihnen meistens das, was wir sehen wollen.

Borges hat das Labyrinth seines Charakters in einer Reihe von Erzählungen lesbar gemacht. Dazu gehören *Das Aleph*, *Der Zahir* und *Die Inschrift des Gottes*, die ihm eines Morgens in den Sinn kam, als wir im Zoologischen Garten vor dem Raubtierkäfig standen und das unermüdliche, verzweifelte Auf und Ab eines majestätischen bengalischen Tigers hinter den Gittern betrachteten. Es gibt noch andere Schlüsseltexte (*Das unerbittliche Gedächtnis*, *Der Süden*, *Der Eindringling*, etc.), auf die ich im Verlauf des Buches verschiedentlich eingehen werde. Den Generalschlüssel aller dieser Schlüsseltexte enthalten ein oder zwei von den Briefen, die er mir schrieb.

Als *Das Aleph* veröffentlicht wurde, besprach ich die Erzählung in der Literaturzeitschrift *Sur* und brachte sie mit einem mystischen Seelenzustand in Verbindung. Die Rezension gefiel ihm. Selbstverständlich war der Agnostiker Borges kein Mystiker, wohl aber jemand, dem mystische Momente nicht fremd waren.

Viele Jahre später fragte mich einmal unvermittelt ein Journalist:»Was ist *Das Aleph*?«»Die Erzählung einer mystischen Erfahrung«, gab ich zur Antwort. Als ich Georgie davon erzählte, stellte ich fest, daß er meinen Artikel von vor fünfunddreißig Jahren nicht vergessen hatte. Er sagte:»Du warst die einzige, die darauf hingewiesen hat«, und ließ durchblicken, daß meine Einschätzung etwas Richtiges getroffen haben konnte. Sie gefiel ihm, weil sie der unter argentinischen Autoren verbreiteten Meinung widersprach, er sei ein gefühlskalter, kopflastiger Demiurg intellektueller Planspiele.

Eine mystische Erfahrung ist geheim und unbeschreiblich wie der Liebesakt oder die künstlerische Schöpfung. In der wahren Kunst wie in der wahren Liebe versuchen wir, eine Grenze zu überwinden. Wenn uns das gelingt, erreichen wir eine Art mystischer Erfahrung. Geheimnisse wie diese lassen sich nicht mitteilen; sie sind – wie für die Juden der Name Gottes – etwas Unaussprechliches.

Die Mystiker sprechen von der »dunklen Nacht der Seele«. »Wer vermag zwischen der Dunkelheit und der Seele zu unterscheiden?« fragt der von Borges bewunderte irische Dichter Yeats. Jenseits dieser Nacht liegen die Ekstasen der Befreiung. In seiner zaghaften, aber beharrlichen Art rang Borges um das Erreichen dieser Befreiung. Mystiker sind im allgemeinen verschwiegen; zuweilen schreiben, seltener sprechen sie.

Einige Mystiker sehen in der Sexualität ein Mittel, ins Freie zu gelangen. Für die Mehrheit der anderen ist sie Teufelswerk.

Borges' Verhältnis zur Sexualität kennzeichnete panische Angst, als fürchtete er das, was sie ihm enthüllen könnte. Nichtsdestotrotz war sein Leben ein einziges Ringen, diese Offenbarung zu erlangen.

Er war kein konventioneller Mensch, wohl aber ein Gefangener der Konventionen. Mehr als alles andere liebte er die Freiheit, wagte es jedoch nicht, ihr ins Gesicht zu sehen. Seine Entscheidung, in Genf zu sterben, wurde in Argentinien als eine Art Verrat empfunden. Bloß der enorme Respekt vor seiner Berühmtheit – nicht der vor seinem Werk, das, unverstanden und kaum gelesen, nur über abgedroschene, *ad nauseam* wiederholte Klischees bekannt war – hielt die »patriotischen« Vorwürfe im Zaum. Tatsächlich war Genf seine große befreiende Geste.

Auf der anderen Seite verband ihn mit dem Leben eine intensive Liebe und der Wunsch »zu verstehen«. Die Hindus sagen, das Ziel des Lebens ist nicht das Glück, sondern die Erkenntnis; nur durch die Erkenntnis können wir zur Glückseligkeit gelangen. Borges suchte dieses Glück in den Büchern und bei einigen Frauen. Wie jeder andere, mußte er durch die harte Schule von Leiderfahrung und Scheitern gehen. Das Glück fand er schließlich in der Erkenntnis, in der sublimierten Liebe und nicht zuletzt in der Bewunderung, die ihm von allen Seiten zuteil wurde – auch das eine Art Liebe. Bei einer unserer letzten Begegnungen sagte er mir: »Es vergeht kein Tag, an dem ich nicht ein oder zwei Momente vollkommenen Glücks erlebe«.

Er wollte damit sagen, daß »sich der Kreis schließen würde«, das Warten ein Ende gefunden hatte und der Tod, seine »Befreiung«, schon auf ihn wartete. Neugierig war er nur auf Ort, Stunde und die letzten Eindrücke. Den Ort bestimmte er.

Unsere Freundschaft ist die Geschichte einer enttäuschten Liebe. Ich werde die Geschichte eines Mißverständnisses erzählen, das vielleicht zu einem besseren Verständnis von Borges beitragen kann.

Er war ein übervorsichtiger Mensch, ängstlich darauf bedacht, niemanden zu verletzen oder zu verärgern. Er wußte um seine Andersartigkeit und das machte ihn gehemmt. Wenn er hin und wieder eifersüchtig war oder jemanden nicht mochte, konnte ihn das aus der Reserve locken und agressiv machen, aber das geschah selten.

Er zog es vor, auf Dinge anzuspielen, statt sie beim Namen zu nennen. In allen seinen Texten – Erzählungen, Gedichten, Essays – häufen sich Anspielungen, kryptische Andeutungen und Namensvertauschungen. Das war bei ihm eine Art heimliches Spiel. Ich will ein Beispiel geben. In der seltsamen, als Detektivgeschichte maskierten Erzählung *Der Tod und der Kompaß*, wird an drei Punkten im Norden, Westen und Osten der Stadt, die »die genauen Scheitelpunkte eines gleichseitigen und mystischen Dreiecks« bilden, ein Mensch umgebracht. Der Detektiv Erik Lönnrot ermittelt aufgrund präziser Berechnungen einen vierten Punkt im Süden, der das Dreieck zum »vollkommenen Rhombus« ergänzt. Dorthin, nach Triste-le-Roy, begibt sich Lönnrot in Erwartung eines vierten Mordanschlags, dessen Opfer er selbst sein wird – gefangen in der Falle seines eigenen Scharfsinns.

Hinter Triste-le-Roy verbirgt sich das Hotel Las Delicias in Adrogué, wo zu Beginn des Jahrhunderts die weniger begüterten unter den gutbürgerlichen Familien Urlaub machten. Diese Leute gingen nicht nach Mar del Plata, wo alte oder neureiche Grundbesitzerfamilien sich damals Paläste im Stil französischer *chateaux* zu bauen begannen. Die Borges gehörten zu den alteingesessenen Familien am Rio de la Plata, waren aber keine Grundbesitzer. Ihre Mittel waren begrenzt, weshalb sie den Sommer in dem Hotel in Adrogué verbrachten. Später besaßen sie dort ein eigenes Häuschen, von wo aus mir Borges einige seiner bewegendsten Briefe schrieb.

Borges liebte Las Delicias, wo die Familie, als sie sich dort nicht mehr einquartierte, immer noch zu essen pflegte. Ich weiß nicht, welche Erinnerungen der Ort für ihn einschloß, doch die Spaziergänge unter den großen alten Eukalyptusbäumen des Gartens waren ihm mit das Liebste. Und es tat ihm in der Seele weh, als die Bäume gefällt wurden.

In den vierziger Jahren war Las Delicias ein heruntergekommenes Gebäude mit dem nostalgischen Zauber und der unvermuteten Eleganz verstaubten Wohlstands. Die Kübel mit Palmen und Farnen waren verschwunden, aber die hohen Fenster mit ihren roten, blauen und gelben Rhomben faszinierten Borges noch immer. Er beschreibt sie in *Der Tod und der Kompaß*, wo er ihnen eine magische Bedeutung verleiht.

Las Delicias trägt in der Erzählung den ausgefallenen französischen Namen »Triste-le-Roy«. Ich frage mich, ob er damit nicht auf sich selbst anspielte, auf irgendein trauriges Jugenderlebnis an diesem Ort. War er selbst Triste-le-Roy? War er es, der hier seinem Tod in die Arme lief, geleitet von den Zeichen, die er an drei Stellen der Stadt entdeckt hatte, hier in Adrogué, wo ihm vielleicht ein flüchtiges Glück und eine lebenslange Melancholie zuteil geworden war? »Der erste Buchstabe des NAMENS ist artikuliert worden« – des Namens, den wir nicht aussprechen dürfen. Der letzte Buchstabe findet sich in Triste-le-Roy. War Borges dieser traurige, besiegte König? War er selbst jener Erik Lönnrot, der zielstrebig in den eigenen Tod rennt? Jedenfalls ging Borges seinem Tod sehenden Auges entgegen; allerdings erwartete er ihn nicht im trostlosen Pampa-Süden von Buenos Aires, sondern dem Sonnenaufgang entgegen auf der nördlichen Erdhalbkugel.

12

Erste Begegnung

ICH LERNTE BORGES IM AUGUST 1944 kennen, wenige Tage vor der Befreiung von Paris. Adolfo Bioy Casares und seine Frau Silvina Ocampo hatten mich zu einer Abendgesellschaft in ihrem Haus Ecke Santa Fe und Ecuador eingeladen. Die *Bioys* – Adolfito und Silvina – hatten vor ein paar Jahren geheiratet; beide waren begabte, gutaussehende, ganz wunderbare Menschen, deren Haus den Schriftstellerfreunden immer offen stand. Einige Monate zuvor hatte mein Bruder Patricio mich Silvina vorgestellt, mit der er eng befreundet war.

Die Aussicht, an einer literarischen Abendgesellschaft teilzunehmen, machte mir etwas angst. Bei den Bioys traf sich ein ausgewählterer, auch erlesener Kreis als bei Victoria Ocampo, der Schwester von Silvina (der jüngsten einer großen, ausschließlich mit Töchtern gesegneten Familie). Im Haus von Victoria in San Isidro traf man für gewöhnlich Leute, die nichts mit Literatur zu tun hatten: Diplomaten, Filmstars, Politiker, ein Ex-Präsident, Menschen mit viel Geld und einer Schwäche für Kunst, ausländische Persönlichkeiten, die sich vorübergehend im Land aufhielten, etc. Bei Adolfito und Silvina hatten ausschließlich Schriftsteller oder Personen Zugang, die es, wie ich, werden wollten. Gelegentlich fanden Leute irgendeiner Besonderheit wegen, die sie interessant machte, Anschluß an die Gruppe, bis ihre Originalität zu verblassen begann.

Es war klar, daß meine literarischen Verdienste eine Aufnahme in diesen exklusiven Zirkel nicht rechtfertigten: Sie beschränkten sich auf zwei in *Sur* und eine in der Literaturbeilage von *La Nación* veröffentlichte Erzählungen.

Zu jener Zeit war Borges in Intellektuellenkreisen hoch angesehen, einer größeren Öffentlichkeit aber weitgehend unbekannt. Es gab in Argentinien damals noch keine Regenbogenpresse, die berühmten Persönlichkeiten nachjagt und ihrerseits denen als Zielscheibe dient, die es gerne sein möchten. In der Regel blieben Schriftsteller »geheim«. Viele pflegten auf eigene Kosten schmale Bändchen mit ihren Werken in einer Auflage von bestenfalls 500 Exemplaren zu veröffentlichen, die sie an Freunde verteilten und mit Widmungen versahen, aus denen Taktgefühl, Urteilsvermögen und Hoffnung sprachen, und die in *Sur*, *Nosotros* oder *La Nación* positiv besprochen wurden. Das war eigentlich schon alles. Andere Literaturzeitungen führten eine kurze, unsichere Existenz. Wenige überlebten mehr als zwei oder drei Ausgaben.

In *Sur* hatte ich die Erzählung *Der Tod und der Kompaß* gelesen und fand sie wunderbar. Aber ich war nicht übermäßig daran interessiert, Borges kennenzulernen. Ich habe mich von Literaten nie besonders angezogen gefühlt.

Jener Winter 1944 war von welthistorischer Bedeutung. Deutschlands Widerstand war gebrochen, und schon rückten die Truppen Sowjet-Rußlands nach Mitteleuropa vor. Die Welt veränderte ihr Gesicht, und ein neuer Ton wurde unüberhörbar. Machte die argentinische Regierung noch 1940 kaum einen Hehl aus ihren Sympathien für Nazideutschland, so kühlte sich dieses Verhältnis nach Stalingrad merklich ab, um sich in der Folge immer unterschwelliger zu äußern. Der Nationalsozialismus brach in sich zusammen, doch deutsche Nazigrößen, die den hohen Preis bezahlen konnten, den man von einem ehemals Mächtigen auf der Flucht verlangt, kauften sich in Argentinien eine neue Heimat und Identität.

Mit dem Staatsstreich von 1943 hatte erstmals wieder – und auf lange Zeit hinaus – das Militär selbst die Macht übernommen. In dem gerade gegründeten Arbeitsministerium* erhob ein gewisser General Perón seine Stimme und machte mit ei-

---

* 1943 machte Perón aus dem undurchsichtigen Ministerium für Arbeitsangelegenheiten (Oficina de asuntos laborales) das dynamischere Arbeitsministerium (Secretaría de Trabajo y Previsión). [A.d.Ü.]

nem modern gewandeten, elastischeren Faschismus von sich reden. Wir werden später noch Gelegenheit haben, näher auf den Peronismus einzugehen, da Borges' politische Einstellung viel mit dieser sozialen Aufbruchbewegung zu tun hatte, die er nicht verstand, oder richtiger: nie verstehen wollte, als wäre Verständnis schon ein Stück Einverständnis. Nur soviel sei an dieser Stelle gesagt, daß etliche von uns im »Peronismus« – den Begriff gab es damals noch nicht – die letzten Zuckungen des stürzenden europäischen Faschismus sahen.

Jene Abendgesellschaft im Hause Bioy war denn auch eher politischer als literarischer Natur und ein Versuch, die demokratischen Kräfte unter den Intellektuellen zu sammeln, um eine Entwicklung aufzuhalten, die nicht mehr aufzuhalten war. Die anwesenden Schriftsteller zählten zu den namhaftesten Vertretern liberaler Ideen. Diese Kreise verachteten die Nazi-Sympathisanten, aber auch die bloß anglophoben Nationalisten unter den Schriftstellern, obschon diese ein viel besseres und unkomplizierteres Verhältnis zu den wirklichen Zentren der Macht besaßen.

Inmitten all dieser prominenten Personen kam ich mir jung und ungelenk vor. Als das erste Eis gebrochen und das Gespräch in Gang gekommen war, erschienen Borges und Bioy Casares, die bis zum letzten Moment in Bioys Arbeitszimmer im Erdgeschoß an einer Fortsetzung des 1942 erstmals erschienenen, gemeinsam verfaßten Zyklus von Detektivgeschichten – *Sechs Probleme für Don Isidro Parodi* – gearbeitet hatten.

Nach dem, was ich gehört hatte, war Borges nicht gerade ein stattlicher Mann, nicht einmal von angenehmem Äußeren und er blieb noch hinter meinen Erwartungen zurück. Ich selbst machte auf ihn einen weder guten noch schlechten Eindruck. Als Adolfito uns vorstellte, gab er mir zerstreut die Hand und schaute mit seinen großen blauen Augen gleich wieder anderswohin. Sein Benehmen war fast unhöflich. Und es verblüffte mich. In jener Zeit ging ich wie selbstverständlich davon aus, daß die Männer von mir beeindruckt waren.

Borges mit Adolfo Bioy Casares, Mar del Plata, 1943

Borges war dicklich, eher groß und aufrecht, hatte ein bleiches, fleischiges Gesicht und auffallend kleine Füße; der Druck seiner Hand war schlaff, als wenn sie keine Knochen hätte, und schien die unvermeidliche Berührung nur widerwillig zu ertragen. In seiner Stimme lag ein ständiges Zittern, etwas Tastendes, um Erlaubnis Bittendes. Es dauerte eine Weile, bis ich die Schattierungen und den Zauber dieser bebenden Stimme begriff, in der man etwas Gebrochenes spürte.

Über mehrere Monate hinweg ereignete sich zwischen ihm und mir nichts Neues. Mein Bruder war mit einem Stipendium nach Oxford gegangen, und in gewissem Sinne hatte ich bei den Bioys seinen Platz eingenommen, wo mich mit Silvina bald eine enge Freundschaft verband. In diesem Haus voller Bücher, dessen Wände hinter Regalen verschwanden, die alles zu enthalten schienen, was je geschrieben worden war, hörten wir Brahms, *Porgy and Bess* und argentinische Musik. Silvina und ich hatten die Angewohnheit, zu tanzen und gelegentlich neue Schrittfolgen zu entwerfen, während die Männer der Gruppe – Eduardo Mallea, Manuel Peyrou, J. R. Wilcock, José Bianco, Ricardo Baeza – nicht tanzen konnten oder mochten. Wir versammelten uns im oberen Stockwerk, und nur ganz selten ging einer von uns nach unten, wo sich Adolfitos Heiligtum befand: das Arbeitszimmer, in dem der Hausherr gemeinsam mit Borges an Detektivgeschichten schrieb, die unter dem *nom de plume* von Bustos Domecq erschienen. Von Zeit zu Zeit hörten wir Borges' homerisches Gelächter, mit dem er irgendeinen witzigen Einfall seiner Figuren feierte.

Isidro Parodi, der Detektiv jener Geschichten, war ein älterer Mann, der in der Strafanstalt in der Calle de Las Heras einsaß. Möglicherweise bestand der einzige Verdienst, den die Erzählungen von Bustos Domecq und später Suárez Lynch besaßen, in dem Vergnügen, das sie ihren Autoren bereiteten. Es sind vertrackte, verworrene Geschichten, die sich zu einem verwickelten Knoten schürzen, der sich nie vollständig auflöst. Die komischen Wirkungen resultieren zumeist aus der Darstellung von Ticks und Manieriertheiten, die dem Freundes- und Bekanntenkreis der Autoren abgeschaut waren; die Wirkung gelang, wenn der Leser das Vorbild erkannte; war das nicht der Fall, mußte sie ausbleiben.

Ich erwähne diese Erzählungen – die ohne bleibenden literarischen Wert sind – nur deshalb, weil sie das Motiv des eingekerkerten oder gelähmten, irgendwie gefesselten Menschens aufgreifen. Es tauchte bereits in der großartigen Erzählung *Das unerbittliche Gedächtnis* auf und erschien später erneut in *Die Inschrift des Gottes*. In allen drei Fällen geschieht etwas Ungewöhnliches: Der alte Mann hinter Gittern findet die Lösung auf sämtliche Rätsel, die ihm gestellt werden; Funes, der gelähmte und ans Bett gefesselte Indianerjunge aus dem uruguayischen Fray Bentos, besitzt eine lückenlose Wahrnehmung des Universums, gepaart mit einem absoluten Gedächtnis; der Held in *Die Inschrift des Gottes* liest die göttliche Botschaft aus den Flecken des Jaguars, der jeden Tag für einige Sekunden die Öffnung des finsteren Kerkers passiert, in dem er eine lebenslängliche Haft verbüßt.

In aller Regel verließ Borges das Haus, ohne sich die Mühe zu machen, zum Abschied heraufzukommen. Er schien es immer eilig zu haben. Selten blieb er nach der Arbeit mit Adolfito noch auf ein Gespräch.

In einer Frühsommernacht ergab es sich rein zufällig, daß Borges und ich gemeinsam das Haus verließen. Die Luft war duftgeschwängert, die Jakarandabäume hingen voller violetter Blütentrauben, die sich beim Herabfallen als farbige Teppiche um die schwarzen Stämme legten. Vom Fluß her blies ein frischer Wind. Es muß ungefähr Mitternacht gewesen sein.

Borges fragte mich, wohin ich ginge. Ich antwortete, ich wolle nach Hause und würde die Untergrundbahn in Santa Fe y Pueyrredón nehmen, die einen Block entfernt lag. Es stellte sich heraus, daß er denselben Weg hatte.

Wir erreichten die Station und waren schon auf der Treppe, als Georgie stehenblieb und stammelte: »Mhm... Hättest du nicht Lust, noch ein Stück zu laufen?«*

Ich sagte mit Vergnügen ja. Auf dem Weg zur Station muß ich etwas geäußert haben, das ihn hatte aufhorchen lassen. Wir gingen los, ohne uns über U-Bahnverbindungen und Fahrpläne Gedanken zu machen, und schlugen den Weg durch die Calle Santa Fe ein. Als wir achtzehn Blöcke weiter an der Plaza San

---

* In dem Bioyschen Freundeskreis duzten sich alle, was in jener Zeit auch im privaten Kreis durchaus noch nicht allgemein üblich war.

Martín anlangten, wo Borges wohnte, machte er den Vorschlag, unseren Spaziergang fortzusetzen. Er war entzückt zu erfahren, daß ich im Süden* wohnte. Die Nacht war wunderschön; zu schade, sie verstreichen zu lassen; außerdem fuhr die U-Bahn bis nach halb zwei. »Darf ich dich nach Hause begleiten?« fragte er mich. Und wir machten uns also auf den Weg in den »Süden«, der sich für ihn mit einem Gefühl von Freiheit und Weite verband. Ich erinnere mich nicht, worüber wir im einzelnen sprachen. Wahrscheinlich über die politische Situation des Landes, die uns beiden unheilvoll erschien. Mit einem Unterschied: Er hielt den Peronismus für einen Alptraum, aus dem wir erwachen würden; für mich war er etwas Reales, das schon hinter der nächsten Ecke lauerte. Vermutlich sprachen wir auch über einige Schriftsteller und gemeinsame Freunde. Ich weiß noch, daß ich meine Bewunderung für Bernhard Shaw erwähnte, daß ich den Schluß von »Candida« zitierte und den Tod von Louis Dubedat in »Der Arzt am Scheideweg«. Es gefiel ihm, daß ich englisch zitieren konnte, und von da an wurde das Englische für uns zu einer zweiten Sprache, in die er in Augenblicken der Niedergeschlagenheit oder der lyrischen Begeisterung verfiel. Wir hatten die Avenida de Mayo erreicht und betraten eine Bar. Ich bestellte einen Kaffee, er ein Glas Milch. Nachdem der Kellner fort war, blickte er mir forschend ins Gesicht, so als sähe er mich zum ersten Mal (was auch der Fall war), und sagte: »Das Lächeln der Mona Lisa und die Bewegungen eines Schachpferdchens.«

Ich fühlte mich geschmeichelt. Das gab mir festen Boden unter den Füßen. Borges war ein Mann mehr, auf den ich Eindruck machte, und das – wie es schien – nicht allein meines Aussehens wegen. Er fügte hinzu:»Merkwürdig, zum ersten Mal begegne ich einer Frau, der Shaw gefällt.«

* Süden meint das südliche Zentrum von Buenos Aires (die Stadtgrenze ist hier noch keineswegs erreicht) und ist als »Sur« in den Texten von Borges – wie auch im Tango – ein mythisch verklärter Stadtbezirk (kein Stadtteil). [A.d.Ü.]

Erst sehr viel später begriff ich den Sinn seiner Bemerkung, die seine allgemeine Einstellung Frauen gegenüber verriet. In seinen Augen waren sie zerbrechliche »Göttinnen« mit schwachem Verstand, sensibel und beschränkt – für einen in anderer Hinsicht so originellen Menschen eine gewiß wenig originelle Auffassung. Obwohl Borges es so einzurichten wußte, sich befreundeten Frauen gegenüber nichts anmerken zu lassen, hatte er doch nur Verachtung für die weibliche Literatur übrig, besser gesagt für das, was er für weibliche Literatur hielt. Was ich an Shaw bewunderte, war jedenfalls nicht das, was er bewunderte. Mir gefiel Shaws entlarvende Kritik an den Lügen und Konventionen der Gesellschaft, das Aufbegehren einiger seiner Figuren. Georgie interessierten die außergewöhnlichen Situationen seiner Dramen, die etwa einen untadeligen Menschen dazu bringen, ein Verbrechen zu begehen (Sir Colenso Ridgeon in »Der Arzt am Scheideweg«) oder in einer Konfrontation gipfeln, wie in dem hitzigen und paradoxen Zwiegespräch zwischen Vivie Warren und ihrer im ältesten Gewerbe tätigen Mutter.

Wir setzten unseren Spaziergang fort. Außer unserem Einverständnis – das ein Mißverständnis war – hinsichtlich der beiderseitigen Vorliebe für Shaw (heute glaube ich, daß seine Ansicht origineller war als meine), erinnere ich mich nicht mehr, worüber wir noch redeten. Ich weiß nur, daß, als wir bei meiner Wohnung Ecke Chile und Tacuarí anlangten, von ihm der Vorschlag kam, wir sollten, wo wir schon »in der Nähe« wären, in den Parque Lezama gehen.

Wir gingen also die zwölf Häuserblöcke bis zum Park. Alles in allem liefen wir in jener Nacht an die fünfzig Blöcke. Gemessen an der Entfernung zwischen den Straßenzügen in Buenos Aires, legten wir etwas mehr als sieben Kilometer zurück. Ich war – und bin bis heute – eine unermüdliche Spaziergängerin, aber daß Borges es mir gleichtun würde, hätte ich nie vermutet.

Wir drehten eine Runde durch den heruntergekommenen Park, der nicht mehr viel gemein hatte mit dem verschwiege-

Parque Lezama; im Hintergrund die Zwiebeltürme der russischen Kirche

nen, üppigen und romantischen Park meiner Kindheit, mit seinen jasminüberwucherten Geländern, den Lilienbeeten, dem duftenden Rosengarten im Sommer, seinem Weiher voller Kaulquappen, den von Jelängerjelieber zugewachsenen Lauben, den Felsklüften und Steingärten. Letztlich aber war der Parque Lezama zumindest doch ein magischer Name für die Kinder meiner und vielleicht auch der von Borges' Generation.

Wir setzten uns mit Blick in Richtung Calle Brasil auf die Stufen eines zerfallenen Halbrunds, das einmal ein griechisches Amphitheater hatte werden sollen, doch schon bei der Ausführung gescheitert war. Vor uns erhob sich die blaue zwiebelförmige Kuppel der russisch-orthodoxen Kirche.

Ich weiß noch, wie Licht und Schatten auf den im Winde sich bewegenden Blättern spielten, und daß wir uns die Epoche in Erinnerung riefen, als der Park sich noch in Privatbesitz befand; wir sprachen über das Vergehen der Zeit, die geometrischen Figuren der Blätter am Erdboden, über die Lichtreflexe und dunklen Stellen. Alles, was Borges sagte, hatte etwas Magisches. Wie ein Zauberkünstler zog er unerwartete Dinge aus einem unerschöpflichen Zylinder hervor. Ich glaube, daß das seine Zeichen waren. Magische Zeichen, weil sie auf den Menschen anspielten, der er war, auf den Menschen, der sich hinter dem Georgie verbarg, den wir kannten, und der in seiner scheuen Art darum kämpfte, an die Oberfläche zu gelangen und gesehen zu werden.

Etwa gegen halb vier morgens warf er einen Blick auf seine Uhr und meinte, es wäre wohl Zeit umzukehren. Er rief ein Taxi und setzte mich zu Hause ab.

Am folgenden Morgen, also wenige Stunden später, kam er mit einem Buch vorbei und gab es bei dem Dienstmädchen ab, das wir in der kleinen Wohnung beschäftigten, die ich mir mit meiner Mutter und meiner Tante teilte. Es war »Youth« von Joseph Conrad. Er ging, ohne mich zu sehen.

Am Abend kam er wieder, um mit mir gemeinsam zu den Bioys zu gehen. Ich wollte von ihm wissen, warum er am Mor-

Eduardo Mallea, Silvina Ocampo, Adolfo Bioy Casares
und Helena Munoz Larreta

gen fortgegangen war, ohne nach mir zu fragen. Er habe befürchtet, sagte er ärgerlich, er könnte stören oder zu aufdringlich sein. Er schien sich auf irgendeine Weise für die unschuldigen und poetischen Momente zu schämen, die wir im Parque Lezama verbracht hatten. Er wiederholte, er habe nicht zudringlich sein wollen, und damit war die Sache abgetan. Ich hatte den Eindruck, als ob in der Zwischenzeit sich jemand anderes eingemischt hätte.

»Youth« war das erste einer ganzen Reihe von Büchern. Aus jener anfänglichen Geste wurde eine Gewohnheit. Jeden Morgen gegen zehn Uhr rief mich Borges aus einer Telefonzelle an; ich hörte die Münzen durchfallen. Selbst wenn ich nicht zu Hause war, brachte er ein Buch als Geschenk vorbei. War ich zu Hause, gingen wir zusammen aus, obwohl wir uns ohnehin jeden Abend sahen, um ins Kino zu gehen oder mit den Bioys zu essen. Treffpunkt war der Eingang des Bahnhofs Constitución.

Kurz vor Weihnachten fuhren die Bioys aufs Land und wir

hatten die Abende ganz für uns allein. Wie zu erwarten, nahmen wir die langen Spaziergänge wieder auf. Wir aßen für gewöhnlich in mittelteuren Restaurants. Ich erinnere mich an das Restaurant im Hotel Comercio Larre, einem Hotel für Handlungsreisende, in dem er stets das gleiche bestellte: Reissuppe, ein – wie er nachdrücklich verlangte – gut durchgebratenes Beefsteak, Quittenbrot und Käse. Und »große Mengen Wasser« (sic). Ich bestellte Wein und worauf ich gerade Appetit hatte. Er vermittelte mir den Eindruck, das Ausgehen zu zweit dem täglichen gemeinsamen Abendessen mit den Bioys vorzuziehen. Von Constitución aus gingen wir nach Barracas, La Boca oder schlenderten durch die unbekannten Straßen, die sich von der Station aus nach Westen erstreckten. Wir kamen für gewöhnlich an der unheimlichen Irrenanstalt in der Calle Vieytes vorbei, ohne etwas von ihrer Unheimlichkeit zu bemerken. Oft überquerten wir die erste Brücke über die Gleisanlagen des Bahnhofs Constitución zwischen den Straßenzügen Vieytes und Hornos; ich spürte gern das Vibrieren der ein- und ausfahrenden Züge; ihm gefiel, daß die Züge nach dem Süden fuhren. Jahre später sollte ihm genau auf dieser Brücke die Idee zu dem mit Anspielungen überfrachteten Gedicht *Matthäus XXV:30* kommen. Bei einer Gelegenheit blieb er an der Ecke Suárez und Necochea stehen und erzählte mir von Oberst Suárez, einem nicht besonders bemerkenswerten Vorfahren von ihm.

An manchen Morgenden, wenn ich nicht zu Hause war, blieb er, um sich mit meiner Mutter zu unterhalten, mit der er sehr bald Freundschaft schloß. Er nahm die Bibliothek meines Bruders unter die Lupe, und wenngleich er immer Bücher mitbrachte, bestand doch kein Zweifel, daß er auch welche mitnahm, so daß es einen mehr oder weniger ausgeglichenen Austausch gab. Meinem Bruder zufolge war das, was er nahm, mehr als das, was er brachte. In puncto Bücher besaß er ein vereinnahmendes Wesen. Er setzte sich auf den Boden und begann Bücher aus den untersten Regalen zu ziehen. Er blätterte und las in ihnen, wobei er die Seiten fast mit der Nase berührte.

Ich hatte dies beobachtet, wenn wir im Haus der Bioys waren oder in der öffentlichen Bibliothek, wo er ein einfacher Angestellter war, sowie in den englischen Buchhandlungen Mackern's und Mitchell's, in denen man ihn kannte und er in so vielen Büchern blättern durfte, wie er wollte.

»Mir kamen fast die Tränen, als ich gestern einen Bogen durch den Parque Lezama machte«, schrieb er mir kurze Zeit später. Für ihn blieb ich stets mit dem Park verbunden, genauso wie mit dem Zoologischen Garten, mit den Straßen Costanera, Barracas, Adrogué, Mármol oder natürlich der Ecke Belgrano und Pichincha, wo ich in einem hohen, alten Haus über einer Apotheke zur Welt gekommen war, und der Kirche von Balvanera, wo ich getauft wurde. Vergeblich versuchte ich ihm klarzumachen, daß diese Kirche und jene Straßenecke mir nichts sagten, da meine Eltern fortgezogen waren, als ich drei Monate alt war, daß der westliche Teil der Stadt nichts in mir auslöste, ich mich vielmehr in San Telmo und Montserrat zu Hause fühlte, im Osten, wo die Stadt die Nähe des Flusses sucht. Umsonst. Er bestand darauf, wir müßten zur Ecke Belgrano und Pichincha gehen.

Das Haus und die Apotheke gab es damals noch. Wir blieben stehen und er betrachtete in gebannter Verzückung die blaugelbe Leuchtreklame für Zahnpasta der Marke Odol.

Er liebte mich. Ich bewunderte ihn in intellektueller Hinsicht und mochte seine Gesellschaft.

Plaza San Martín

Argentinische Kulissen

»¿Y fue por este río de sueñera y de barro
que las proas vinieron a fundarme la patria?«
J.L. Borges, *Fundación mítica de Buenos Aires**

VON ARGENTINIENS GROSSEM SOHN Ezequiel Martínez
Estrada**, der sein Land bis auf die Knochen durchleuchtet hat,
stammt eine für die ozeanüberquerenden Europäer nieder-
schmetternde Beobachtung: Die Männer, die aus anderen Teilen der Welt hierherkamen, glaubten, sie würden Geschichte
machen; in Wirklichkeit führte ihre Reise in die Vorgeschichte.
Dies spiegelt sich in der Paläontologie wieder, in den gigan-
tischen, sanftmütigen Ungeheuern, die Ameghino und Darwin
erforschten, in jenen Reptilien, die die kindlichen Alpträume
und die Horrorfilme bevölkern; auf ihre Weise hat die Paläontologie die Menschen geprägt. Martínez Estrada zufolge, haben
die Argentinier etwas Versteinertes in ihrem Wesen.

Diese wesensmäßige Versteinerung, dieses Harte und Unfle-
xible ihrer Natur, war den Argentiniern von 1899, dem Geburts-
jahr von Borges, gänzlich unbewußt. Martínez Estrada brachte
diese Einsicht auf den Punkt. Borges sollte sie am eigenen Leib
erfahren – in seiner Kindheit und Jugend, als er mit dieser »we-
sensmäßigen Versteinerung« in Konflikt geriet. Er war nicht in
der Pampa geboren worden, kannte nicht Einsamkeit und Weite
jener Steppenlandschaft, nicht das Fehlen von Bezugspunkten,
die Weite der Landschaft, die manchmal den Eindruck von
Überschaubarkeit erweckt, wenn man ausnahmsweise einen

---

* »Also auf diesem trägen und schlammigen Fluß wären damals
all die Boote gekommen, mir die Heimat zu gründen?«
J.L. Borges, *Mythische Gründung von Buenos Aires*
** 1895-1964, argentinischer Lyriker und Essayist, scharfer Kritiker
der politischen Entwicklung seines Landes nach 1930. [A.d.Ü.]

Baum erblickt und das Ferne nah erscheint. Entfernungen lassen sich in der Pampa nicht abschätzen. In seinen frühen Gedichten idealisierte Borges sie in dem Versuch, sie zu verstehen. Er kam in Buenos Aires zur Welt, einer Stadt mit künstlichem Hafen an einem Fluß, der kein Fluß, sondern ein riesiges Mündungsbecken ist,»träge und schlammig«. Hierher, an diesen reglosen Fluß,»wären damals all die Boote gekommen, mir die Heimat zu gründen«. Der Fluß war aber auch ein Fluchtweg, der es ermöglichte, Schläfrigkeit und Schlamm den Rücken zu kehren. Diese bitteren Metaphern lagen den Argentiniern 1899 fern. Die Geschichte hatte uns noch nicht vor ihre vorläufig letzte, große Prüfung gestellt. 1899 träumte Buenos Aires noch glücklich vor sich hin. Das Fleisch der argentinischen Rinder verkaufte sich gut und schien unerschöpflich; achtlos warf man es sogar in die Sümpfe und in die Flüsse. Buenos Aires blickte zuversichtlich in die Zukunft. Dabei war das zurückliegende Jahrhundert von schlimmen, gewalttätigen Fehden verfeindeter Cliquen, von gescheiterten Unternehmungen, sinnloser Wut, schmutzigen, blutigen Kriegen und Unruhen erschüttert worden. 1853 hatte eine der Parteien triumphiert: die Gemäßigten, die Aufgeklärten, die,»die Bescheid wußten«. In Wirklichkeit war es ein scheinbarer, nur nomineller Triumph. Unter dem Anstrich von Zivilisation – verkörpert in Politikern, die in Frack und Zylinder gewichtige europäische Persönlichkeiten nachahmten – rumorte die geschlagene Welt der Gauchos, der Übergangenen, Beleidigten, Verbitterten.

Aber das Erscheinungsbild besserte sich zusehends. Man kann sagen, daß bereits Anfang des Jahrhunderts die Verhältnisse ins Lot gebracht waren und den Zielen dienten, die man sich gesetzt hatte. Argentinien war »das Land der Zukunft«, war kultiviert, gebildet und demokratisch. Nordamerika mochte demokratisch sein, aber niemand hatte die Nordamerikaner für besonders »kultiviert« oder »gebildet« gehalten. Brasilien war ein Land von Mulatten; Mexiko war indianisch und neigte zu politischem Extremismus; nur Argentinien mit seinem »reinen« Blut und seinem gemäßigtem Klima konnte stolz den Kopf heben. »Das ist das europäischste Land ganz Lateinamerikas«, sagten die Fremden, die in der argentinischen Tiefebene eintrafen, teils um ihren Gastgebern zu schmeicheln, teils, weil sie hier nicht die überbordende, exotisch bunte Schönheit von Rio de Janeiro vorfanden. Implizit hieß das, daß es hier keine farbigen Menschen gab. Die Argentinier hatten ihre Freude an diesem vollkommenen Geheimnis, das auf einer übereilten Verallgemeinerung beruhte. Sie fühlten sich den anderen Lateinamerikanern überlegen, weil sie diese reizende Komplizität mit den Europäern verband. Das angeblich »reine«, weiße Blut der Argentinier erlaubte es ihnen, die Europäer zu verstehen und ihre Wünsche zu kennen. Nur die Argentinier konnten wie Europäer handeln.

Jean Paul Sartre hat irgendwo geschrieben, daß Hitler – ein Mann mit großem intuitivem Verständnis für das Niedrige der menschlichen Natur – förmlich die gesamte deutsche Nation durch die Feststellung geadelt habe, daß noch den letzten deutschen Wurstverkäufer sein arisches Blut zum Angehörigen eines Herrenvolkes* erhebe. Die Deutschen brauchten nichts weiter tun, um sich dieses exaltierte Gütesiegel zu erwerben, nur eine, eine winzige Voraussetzung mußte erfüllt sein: Kein jüdisches Blut durfte in ihren Adern fließen. In der gleichen Weise fühlten sich die Argentinier den anderen Lateinamerikanern dadurch überlegen, daß sie kein afrikanisches oder indianisches Blut in den Adern hatten. Natürlich hatten sie welches – nicht viel, nicht so, daß es auffiel –, aber Mythen sind dauerhafter als Statistiken.

Anfang des Jahrhunderts waren die rebellischen Gauchos verschwunden und die Indianer im Verlauf von ein oder zwei Expeditionen in die Wildnis vertrieben worden. Von den Vergessenen und mundtot Gemachten hatte man nichts zu befürchten.

* Im Original dtsch. [A.d.Ü.]

Die Zügel der Regierung lagen fest in den Händen derer, »die Bescheid wußten«, und das waren die Vieh- und Grundbesitzer, die Reichen und Mächtigen, jene, die in der Lage waren, die Ereignisse in der Welt richtig einzuschätzen und vorauszusehen, was das Land brauchte. Diese neue Führungsschicht trat 1853 auf den Plan, nach dem Sturz von de Rosas, der den einen als »Tyrann«, den anderen als der Erneuerer von Recht und Ordnung galt, gehaßt und verehrt, wie hundert Jahre nach ihm Perón. Der Krieg mit Paraguay, den offiziell Argentinien, tatsächlich aber Brasilien gewann, stärkte die Macht dieser Klasse; sie war es, die dem Land und der Stadt ihren Stempel aufdrückte. 1899 konnte man von Argentinien nicht sprechen, ohne Buenos Aires zu erwähnen: Buenos Aires, das war auch gleich die Republik Argentinien, mehr als das ganze übrige Land, welches die Hauptstadt mit unveräußerlichem Recht repräsentierte.

Die Männer, die um 1900 das Sagen hatten, waren steinreich. Das Geld wanderte fast von selbst in die Kassen. Man brauchte nur die Tiere frei herumlaufen zu lassen, damit sie sich zu Tausenden vermehrten. Die Eisenbahnlinien, die seit neuestem das Land durchzogen, steigerten den Wert der davon begünstigten Ländereien ins Unermeßliche, und wer das rechtzeitig erkannte, konnte in Windeseile ein Vermögen machen.

Und es gab Weizen. Argentinien war »die Kornkammer der Welt«. Weizen und Fleisch erzielten auf den ausländischen Märkten umgerechnet das Vier- bis Fünffache ihres heutigen Preises. So lagen die Dinge, und so sollte es ewig bleiben. Einige Familien der Führungsschicht waren sich ihrer großen Privilegien bewußt und entschlossen, sie zu nutzen und zur Schau zu stellen – gehört doch die Prunksucht zu den Eigentümlichkeiten von Ländern, die nichts vorzuweisen haben als Steinwüsten und Sümpfe.

Die Argentinier protzten nicht vor Ausländern, sondern vor ihren Mitbürgern, so wie es geschieht, wenn man das Gefühl nicht los wird, daß jeder Schlag ins Leere geht.

Diese Leere mußte gefüllt werden. Aber die Pampa war ein

Faß ohne Boden. Hebt man in der ebenen Steppe den Blick zum Horizont, überkommt einen das Gefühl von Einsamkeit und räumlicher Abgeschlossenheit. Man geht los und stellt fest, daß dieser geschlossene Raum unendlich ist, man nie aus ihm herauskommt. Und so füllten denn die Argentinier die Pampa mit ihren Träumen. Der erste war der Traum vom Reichtum; der zweite, eine Folge des ersten, betraf die enorme Bedeutung Argentiniens. Die Welt brauchte Argentinien. Die Welt würde Hunger leiden ohne Argentinien. Es gab also keinen Grund zur Sorge.

Dann begann man mit der Erkundung Europas. In Wahrheit freilich war diese »Erkundung« nach einem kurzen Besuch in Spanien – diesem erbärmlichen, im Vergleich zu Argentinien bettelarmen Land! – und einem Abstecher nach Norditalien bereits mit der Ankunft im Mekka der Pilgerreise beendet: in Paris!

Was bedeutete Paris für die Argentinier? In erster Linie ein gesteigertes Bewußtsein ihres Reichtums. Hier waren sie *argentins*; sogar der Name ihres Landes klang nach Geld; als *argentin* war man gleichsam *argenté*. In zweiter Linie bedeutete Paris für die Männer die Erfüllung sündiger sexueller Phantasien; für die Frauen die Gelegenheit, sich den *chic de Paris* (wie man damals sagte) anzueignen, den es in renommierten Modehäusern zu kaufen gab.

Die Überquerung des Ozeans war natürlich mit Risiken verbunden. In weiser Voraussicht nahmen die begüterten argentinischen Familien Kühe und Hühner mit auf die Reise, um mit Milch und frischen Eiern für die Kinder versorgt zu sein. Niemandem wäre eingefallen, diesen Aufmarsch bäurisch oder vulgär zu finden: Es war nur ein Beleg mehr für den argentinischen Reichtum. Man hat nie erfahren, was aus den Kühen und Hühnern wurde, die den Ozean überquerten, um die Gesundheit der argentinischen Kinder sicherzustellen. Keiner weiß, ob sie in einem französischen oder, nach der Rückkehr, in einem argentinischen Schlachthaus endeten. Immerhin begann man nach etlichen Atlantiküberquerungen doch zu spüren, daß es nicht besonders elegant war, die armen Tiere auf die Reise mitzuschleppen.

Die Argentinier lernten einiges in Europa, wenngleich keiner von ihnen sich dort besonders wohl fühlte. Man ging nach Europa, um zu zeigen, daß man in Europa gewesen war. Das Interesse an der Reise beschränkte sich auf den Eindruck, den man damit im eigenen Land zu machen hoffte.

Diese Einstellung sollte im argentinischen Charakter tiefe Wurzeln schlagen und sich in etwas widerspiegeln, das für einen Südamerikaner mehr oder weniger romanischen Ursprungs von größter Bedeutung, ja das heimliche Fundament seines Lebens ist: im Sexuellen.

Zur Zeit des Ersten Weltkriegs bequemten sich die Angehörigen der argentinischen Oberschicht schließlich gute Manieren an. Sie brachten es zu einer beachtlichen Imitation großbürgerlichen europäischen Lebens. Im später so genannten *Barrio Norte* von Buenos Aires erhoben sich prunkvolle Bauwerke nach dem Vorbild französischer Schlösser; Nachbildungen von Pariser *hôtels* aus dem *sixième arrondissement* waren ihrer Auffälligkeit wegen besonders beliebt, und man verschmähte auch nicht den Komfort und die hygienischen Gewohnheiten der Engländer; französische wetteiferten mit englischen Möbeln. Französisch zu sprechen – und späterhin englisch – war ausschlaggebend für das soziale Renommé. Wie zu erwarten, sprach niemand italienisch. Italienisch war die Sprache der Einwanderer, die zusammen mit den Spaniern aus den armen Provinzen der iberischen Halbinsel das Land auf der Suche nach besseren Lebensbedingungen überflutet hatten. Spanier (Basken ausgenommen) galten schon wenig; Italiener zu sein, war noch schlimmer.

Unterhalb dieser gesellschaftlichen Klasse, an deren Spießigkeit, Künstlichkeit und Egoismus abzulesen war, daß sie gerade erst entstanden war, rangierten die Massen der aus ärmlichen Schichten stammenden Immigranten: Frischgebackene Argentinier, die hart arbeiteten und stolz darauf waren, dieser jungen Nation anzugehören. Nur existierte praktisch keine Sozialgesetzgebung, und sie fühlten sich im eigenen Land wie Geächtete behandelt. Das waren jene Kräfte, die sich 1945 in der Unterstüzung Peróns Luft verschafften, der sich als Chef des Arbeitsministeriums darauf beschränkte, alte, aber nie eingehaltene arbeitsrechtliche Bestimmungen zur Geltung zu bringen. So kam es zur Konfrontation zwischen den beiden Argentinien, dem wirklichen und dem des schönen Scheins; das neue hatte die Entschuldigung, unterdrückt worden zu sein; das andere lieferte den Beweis seiner Unfähigkeit.

Ich hebe diesen Punkt hervor, weil der Peronismus ein Markstein in Borges' Leben war und die Situation des Landes zu Beginn des Jahrhunderts prägenden Einfluß auf ihn haben sollte.

In diesem gespaltenen Land gab es nur einen gemeinsamen Nenner: das Sexuelle. Sexualität und sozialer Protest waren in allen Tangotexten präsent, in den Verbrechensberichten der Tageszeitungen und in den Bordellen, die von polnischen oder russischen Prostituierten überquollen; bei ihnen handelte es sich um meist nicht-arische Mädchen, die zwar den Pogromen und Hungersnöten Osteuropas glücklich entkommen konnten, nicht jedoch dem argentinischen Snobismus, der sie nötigte, sich als in den Liebeskünsten bewanderte Französinnen auszugeben.

Die mißachtete, in ohnmächtigem Groll und argwöhnischer Unkenntnis gefangene Unterschicht suchte sich ihre Identität in den Niederungen einer deformierten Sexualität, in einer Unterwelt, in der ein unbändiger Stolz sich in Szene setzen durfte, in einer Ignoranz, die an sich selbst Vergnügen und Bestätigung fand, in einer Sentimentalität, die gelegentlich nicht ganz frei von Dünkel war. Aus dieser Situation heraus entstand der Tango. Jene Welt der Bordelle und Messerstecher aber – Kriminelle, die nicht selten Karriere als Leibwächter irgendeines Politikers machten – infizierte die andere, die bürgerliche Welt, übertrug auf sie ihr gezieltes Wegsehen, ihren Hang zur Verschleierung und den Gebrauch der Sexualität als Mittel, seinen Nächsten zu erniedrigen. Diesen Punkt gilt es näher zu betrachten, um die Kräfte zu verstehen, die Borges in seiner Kindheit formten und deformierten.

Der Begriff »Männlichkeit« ist in jedem Land anders besetzt, von unterschiedlichen Implikationen geprägt. Mit Sicherheit läßt sich nur sagen, was zu einer bestimmten Zeit an einem bestimmten Ort als *nicht* »männlich« gilt. Für den argentinischen Mann zu Beginn des Jahrhunderts bestand die Männlichkeit nicht im Meistern von Schwierigkeiten, hatte nichts damit zu tun, den harten Lebensbedingungen die Stirn zu bieten und sich für die Schwachen (Frauen, Kinder, Alte) einzusetzen. Seine Überlegenheit beruhte auf der bloßen Tatsache, ein Mann zu sein. Ein »Mann« wurde man nicht, weil man sich eine Position erworben hatte, sondern weil man sie ererbt hatte; man wurde es nicht, weil man die Liebe einer Frau erobert hatte, sondern weil man im Alter von zwölf oder dreizehn Jahren mit einem Dienstmädchen geschlafen oder im Bordell eine gute Figur gemacht hatte, in das man von irgendeinem wohlmeinenden Onkel mitgenommen wurde.

Das war der in Argentinien übliche Männlichkeitsbeweis. Ob das Dienstmädchen schwanger wurde, war unerheblich. Man mußte nur dafür sorgen, sich das Produkt eines solchen Husarenstücks vom Hals zu schaffen. Eines dieser unerheblichen Produkte war Eva Perón.

Und natürlich machte es sich immer gut, in späteren Jahren in einem gerade »angesagten« Nachtlokal in einer Schlägerei mitzumischen und Flaschen und Gläser zu Bruch gehen zu lassen. In der Zwischenzeit hatte man womöglich sogar eine Geschlechtskrankheit ergattert. Nachdem man sich so eine Zeitlang vergnügt hatte, galt es schließlich, einen Hausstand zu gründen und eine mehr oder weniger entfernte Kusine zu heiraten, jedenfalls jemanden aus den eigenen Kreisen, eine Frau, die offiziell noch Jungfrau sein und – *conditio sine qua non* – ein Vermögen besitzen mußte, mit dem sich die schon vorhandenen etlichen tausend Hektar Land um ein ansehnliches Stück vermehren ließen. Auf diese Weise verband sich Nachname mit

Nachname, war das Heiraten innerhalb ein und derselben Gruppe von Grundbesitzern genauso üblich wie in königlichen Familien. Diese Leute heirateten untereinander, feierten, hurten, verpraßten ihr Geld und kehrten der Wirklichkeit des Landes den Rücken zu.

Was die sexuellen Gepflogenheiten betrifft, möchte ich zwei gleichermaßen pittoreske wie unrühmliche Anekdoten erzählen, die besser als jede theoretische Erörterung die Einstellung jener Gesellschaftsschicht anschaulich machen.

Ein junger Mann aus vornehmen Kreisen (Jahrgang 1892) äußerte bei einer Gelegenheit triumphierend:»Da haben doch welche behauptet, der Sohn von Máximo sei schwul! Und was sagen sie jetzt? Hat er sich doch die Franzosenkrankheit gefangen!«

Man muß dazu sagen, daß für diesen Gentleman und seine Zeit die Syphilis eine eindeutig und ausschließlich heterosexuelle Angelegenheit war, die nicht ohne Schmerzen abging, auf die man aber ebenso stolz sein konnte, wie ein alter Krieger auf seine Wunden.

Eine andere Anekdote. Ein ziemlich wohlhabender Mann, Schwager eines Wirtschaftsministers, zeigte sich äußerst erstaunt, als die Leiterin eines gewissen Hauses, in dem er regelmäßig verkehrte, ihn fragte, warum er die Frauen, mit denen er schlief, keines einzigen Wortes würdigte. Hochmütig antwortete unser Gentleman:»Ich rede nie, wenn ich auf dem Klo sitze.«

Das Opfer dieser Unverschämtheit war eine Prostituierte, aber man sollte meinen, daß jede Frau die Beleidigung spüren mußte, die in dieser Anekdote ihrem ganzen Geschlecht zuteil wird. Weit gefehlt. Die Anekdote wurde mir von der Nichte des fraglichen Herrn erzählt, die sie wahrscheinlich von einem ihrer Brüder gehört hatte. Diese Frau, eine in politischen und literarischen Kreisen sehr prominente Persönlichkeit, war alles andere als unsensibel. Trotzdem erzählte sie die Anekdote ausschließlich in Hinblick auf ihre komische Seite (die sie zweifellos hat), ohne etwas anderes daran zu finden.

Die Männer waren sich der Bestialität dieser Einstellung

nicht bewußt. Genausowenig ihre Frauen, die bestialisches Betragen voraussetzten, wenn es sich um Männer handelte. In den großbürgerlichen argentinischen Familien herrschte eine unüberbrückbare Kluft zwischen Intimleben und äußerlich zur Schau getragenem Habitus. Verantwortlich dafür waren nicht religiöse Vorstellungen oder moralische Skrupel wie im viktorianischen England. Der heimliche Grund lag in einer verqueren Sehnsucht nach Überlegenheit und Größe, die das Schicksal Argentinien vorenthielt. Es existierte eine in sich geschlossene »Männerwelt«, in der sich alles Mit- und Gegeneinander ausschließlich unter Männern abspielte. In einem berühmten Tango – *Patotero* – sehnt sich ein junger Mann nach einer Frau, die er verlassen hat, obwohl die beiden einander liebten und sie ihm treu gewesen war. Aber seine Freunde waren dagegen. Und er klagt:

La patota me miraba,
no era de hombres aflojar.*

Die Koketterie der Geste war an die Männer gerichtet. Sie waren die Richter.

Die Frau war ein Gefäß für gewisse Körpersäfte oder ein teurer Schmuck, niemals eine Gefährtin oder Freundin. Die eigene Ehefrau war ein notwendiges Übel für den Erhalt der Familie und die Festigung des Wohlstands. Selbstverständlich konnte einer, der über die entsprechenden Mittel verfügte, sich eine Geliebte halten. Wie überall auf der Welt, stellten in Buenos Aires lange Zeit die Theater diese Sorte Frauen bereit. Mit einem Unterschied. Hier »leistete« man sich eine Frau nicht, um sich mit ihr zu verlustieren, sondern um zu zeigen, daß man sie sich leisten konnte – wie die Reise nach Europa oder das neueste Automobil.

* Die Gang fixierte mich,
  Männer zeigen keine Schwäche.

Alles trug dazu bei, den Graben zwischen den Geschlechtern zu vertiefen. In manchen Bars und »Konditoreien« gab es einen separierten Bereich, den sogenannten »Familiensalon«. Fehlte er, waren sie für Frauen, die Wert auf ihren guten Ruf legten, tabu. Das Richmond in der Calle Florida, beispielsweise, erfreute sich einer großen Kundschaft politischer und literarischer Persönlickeiten – alles Väter, Ehemänner und Brüder von Frauen, die selbst keinen Zutritt hatten. Und dieses Tabu währte mehr oder weniger bis in die vierziger Jahre.

Ehepaar Borges
während der
Ferien in Mar del
Plata, 1938

Borges & Co.

JORGE LUIS BORGES wurde 1899 geboren und lebte die ersten Jahre in Palermo, einer Vorstadt von Buenos Aires. Wie die meisten Häuser des Viertels, besaß auch das der Familie zwei Höfe, um die herum die Zimmer lagen, eine Galerie und eine nicht allzu hohe, von Kapuzinerkresse, Jasmin, Jelängerjelieber und blauen Glockenblumen überwucherte Trennmauer. Hinter dem Haus stand eine Mühle. In den rötlichen Wänden brachen sich die Farben der Dämmerung. Die Staubstürme, die von der Pampa her einfielen, bildeten in den Höfen rotierende Luftwirbel, die in den hohen Zimmern seltsame Töne und Geräusche erzeugten. Durch die gerade erst befestigten Straßen kam häufig ein Milchverkäufer mit vier oder fünf Kühen, die vor den Kunden gemolken wurden. Andere verkauften Blumen- und Pflanzenerde.

Borges' Familie bestand aus dem Vater, einem gebildeten Mann, der von einer Schriftstellerkarriere geträumt hatte, der Mutter Leonor Acevedo, den beiden Kinder Georgie und Norah sowie der Großmutter väterlicherseits, Fanny Haslam, einer Engländerin; sie verlieh ihrem Enkel den Spitznamen »Georgie« und ließ ihre protestantischen Ideen auf ihn abfärben. Die Anschauungen dieser häretischen Religion waren in der nach außen hin und offiziell ultrakatholischen bonarensischen Gesellschaft nicht gut angesehen.

Georgie verehrte seine Großmutter und erwähnte häufig ihren Namen, immer jedoch in Verbindung mit kulturellen Dingen. Beispielsweise hörte ich ihn nie sagen: »Als ich mit meiner Großmutter in den Zoo ging...« oder »Meine Großmutter liebte den Tee besonders stark«. Bei einer Gelegenheit verriet er mir, daß seine Großmutter während des Krieges gegen die Indianer an der Südgrenze der Provinz Buenos Aires gelebt habe und seine »Geschichte vom Krieger und der Gefangenen« auf einer ihrer Erzählungen aus jener Zeit beruhe.

Wir wissen fast nichts über Fanny Haslam, außer daß sie ihrem Enkel die Anfangsgründe des Englischen vermittelte. Im Laufe der Jahre sollte er seine Kenntnisse dieser Sprache sukzessive vervollkommnen.

Georgies Vater war nach Auskunft derer, die ihn kannten, ein Mann von aufgeschlossener und aristokratischer Ausstrahlung. Auf Photographien erinnert er an englische Stummfilmschauspieler, die moralische Integrität und Ritterlichkeit zu verkörpern hatten. Man spricht von seiner Liebe zu Büchern, und wir wissen, daß er blind gestorben ist. Georgie war sich seines Augenleidens immer als eines väterlichen Erbes bewußt (seine Schwester Norah hatte wie ihre Mutter nie Probleme mit den Augen). Die Erblindung war ihm vom Schicksal vorherbestimmt, und mit ergebener Gelassenheit sah er ihr entgegen.

Eine von der Casa Argentina in Israel herausgegebene Broschüre veröffentlichte nach dem Sechstagekrieg 1967 ein Interview mit Borges. Auf die Frage des Journalisten nach den Beweggründen seiner Sympathie für Israel, verweist Borges auf seine protestantische Großmutter, die »die Bibel auswendig kannte«, und erwähnt ihre tiefe Bewunderung für Spinoza; er spricht über die Kabbala, über Martin Buber, den Chassidismus und fügt wörtlich hinzu: »Es könnte noch einen anderen Grund geben. Der Nachname meiner Mutter ist Acevedo. Ramos Mejía hat ein Buch über die alten bonarensischen Familien geschrieben und versichert, daß sie in der Regel einen von zwei möglichen Ursprüngen haben: einen baskischen oder portugiesisch-jüdischen. Unter den letzteren erwähnt er die Acevedos.«

Fest steht, daß auch eines seiner Lieblingsthemen – »ein Mensch ist alle Menschen« – die Unmöglichkeit impliziert, den genauen Ursprung eines einzelnen zu ermitteln. Die Unkenntnis über die eigenen Ursprünge, wie sie von vielen Familien in der Neuen Welt sehnlichst gewünscht wurde, mag *wishful thinking* sein, ist aber statistisch plausibel: Wir haben zwei Eltern, vier Großeltern, acht Urgroßeltern, sechzehn Ururgroßeltern... und so fort in geometrischer Progression bis auf das Jahr, als Kolumbus amerikanischen Boden betrat, auf das bezogen sich die Ahnengalerie von uns Heutigen auf eine Million Vorfahren hochrechnen läßt. Ein Mensch ist das Produkt aller Menschen. Ihrer aller Blut fließt in seinen Adern. Und das gilt es bei der Auseinandersetzung mit Borges im Auge zu behalten: das Realistische seiner Beobachtungen, selbst da, wo sie abstrakt oder gar mystisch wirken.

Borges' Mutter entstammte einer alten argentinischen Familie. Sie war stolz auf ihre Vorfahren, auf jene Soldaten, die in einer Zeit innerer Wirren und verworrener Kämpfe dazu beitrugen, daß das Vaterland Gestalt annahm und eine liberale und demokratische Prägung erfuhr.

Jene inneren Wirren waren nach dem Krieg mit Paraguay nahezu überwunden. Dieser Krieg*, der, wie es hieß, gegen die »Tyrannei« und aus Haß gegen die »Tyrannen« geführt worden war, prägte das Weltbild von Leonor Acevedo; sie war eine liberale Frau und glühende Katholikin – unerachtet des darin liegenden Widerspruchs – mit all den Vorurteilen und der Konventionalität derer, die das neue Argentinien geschaffen hatten, das Argentinien *wie es sein sollte*. Ihr ehrlicher, aber beschränkter Patriotismus gründete sich vielfach auf eher imaginäre als reale Ereignisse. Leonor Acevedo war nicht nur eine in diesem Land tief verwurzelte Argentinierin – sie hatte sich entschieden, es zu

---

* 1864 begann, ausgelöst durch eine brasilianische Militärintervention im urugayischen Bürgerkrieg, der Krieg zwischen Paraguay auf der einen sowie dem »Dreierbund« aus Brasilien, Argentinien und Uruguay auf der anderen Seite. Dieser blutigste Krieg in der Geschichte Lateinamerikas dauerte bis 1870. Zu diesem Zeitpunkt lag Paraguay, bis dahin eines der fortgeschrittensten und unabhängigsten Länder des Kontinents, in Trümmern. Zusammen mit dem Präsidenten López war ein Drittel der 450000 Einwohner ums Leben gekommen. [A.d.Ü.]

43

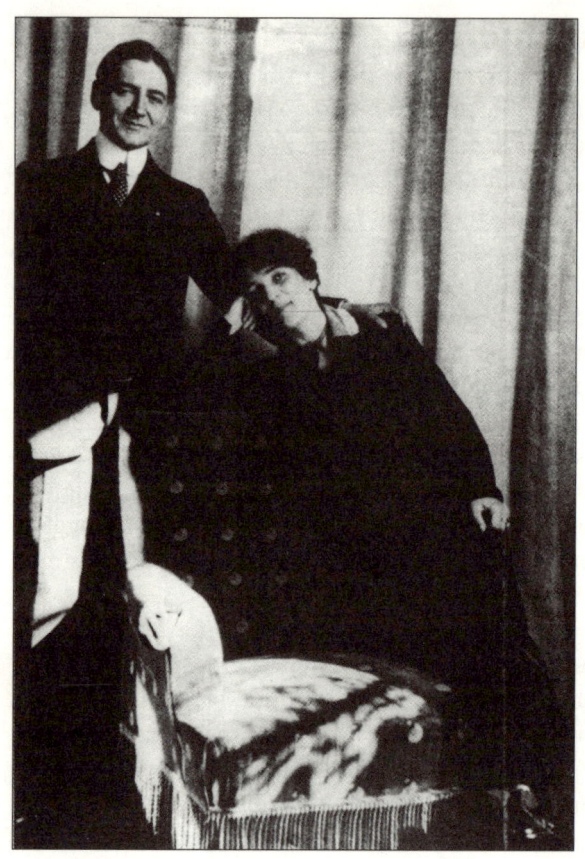

Die Eltern
in Genf

sein. Wie es ihr Sohn an späterer Stelle in besagtem Interview ausdrückte: »Es wäre absurd, ethnisch begründen zu wollen, was argentinisch ist. Wir sind Argentinier, weil wir uns entschieden haben, es zu sein. Ich glaube also, daß die Tatsache, einer Gemeinschaft anzugehören, eine Entscheidung ist, die als mystisch zu bezeichnen nicht übertrieben wäre, und diese Entscheidung ist real.«

Mutmaßungen

»... el laberinto múltiple de pasos que
mis días tejieron desde un día de niñez.«
J.L. Borges, *Poema Conjetural**

ABER KEHREN WIR zum jungen Borges zurück, zu jenem
scheuen, einsamen, überaus behüteten Kind, das sich eines Tages in dem brachliegenden Gelände verlaufen hatte, das es damals in Palermo reichlich gab.

Borges, der seinen Freunden und den Frauen, die er liebte,
auch Persönliches anvertraute, der in Gesprächen über Politik,
Kino und natürlich Literatur geradezu redselig sein konnte,
sprach über seine Kindheit nie. Nicht nur in seinem persönli-
chen Umgang, auch in seinen literarischen Texten und Briefen
vermied er dieses Thema. Mit der einzigen Ausnahme jenes »einen Tages der Kindheit«, der Auslöser war für »das vielfache Labyrinth der Schritte«; ein Tag, dessen literarischer Abglanz sich
am Ende des *Mutmaßenden Gedichts* findet, wenn ein gewisser
Francisco Narciso Laprida, der die Unabhängigkeit »der grausamen Provinzen hier« verkündet hatte, auf sein südamerikanisches Schicksal trifft, »das engvertraute Messer in der Kehle«.

Borges liebte es, Mutmaßungen anzustellen. Sein Verstand
war dann in seinem Element, wenn er den losen Fäden einer
bestimmten Vermutung nachspürte. In *Emma Zunz* heißt es
zum Beispiel, daß alle den Lügen der Protagonistin über die
Umstände ihrer Rache Glauben schenkten. »Die Geschichte war
in der Tat unglaublich, aber sie setzte sich allgemein durch,
weil sie im Kern zutraf. Zutreffend war der Ton von Emma
Zunz, zutreffend die Scham, zutreffend der Haß. Zutreffend war

---

* »... das vielfache Labyrinth der Schritte,
   das meine Tage wirkten seit der Kindheit.«

45

auch der Schimpf, den sie erlitten hatte; falsch waren nur die Umstände, der Zeitpunkt und ein oder zwei Eigennamen.«

Andere Schriftsteller wie Tolstoi, Proust oder Stendhal haben uns ihre Kindheit geschenkt, haben erzählt von dem wunderbaren Erwachen der ersten Empfindungen, von Geheimnis und Furcht, durch die hindurch sie die Welt entdeckten, von ihrer Liebe zu Tieren und Spielen. Nichts von alledem bei Borges. Es ist, als hätte sich ein Vorhang über seine Kindheit gesenkt, den er nicht beiseite ziehen wollte. Selbst seine große Liebe zu Anspielungen fand hier ihre Grenze. Was uns bleibt, ist nur »der Tag« in *Mutmaßendes Gedicht*.

Einmal machte er mir gegenüber eine sehr seltsame Bemerkung. Ich erzählte ihm von den Stränden in Uruguay, einem Land, das auch er liebte. Vielleicht legte ich zuviel Begeisterung in meine Beschreibung des Sandes, der an einigen Stellen weiß und fein, an anderen rötlich und grobkörniger war. Er hörte mir mit einer gewissen Ungeduld zu. Ich nehme an, daß er meine Begeisterung mißbilligte oder ihn das Leben, das ich vermeintlich an jenen Stränden führte, eifersüchtig stimmte. Jedenfalls sagte er plötzlich in barschem Ton: »Ein Strand ist wie ein brachliegendes Gelände mit halbnackten Leuten.«

Dieses ungerechte und ressentimentale Urteil äußerte er mehrfach. Nur selten folgte er der Einladung seiner Freunde, der Bioys, ein paar Tage in ihrem Haus in Mar del Plata zu verbringen. Dagegen nahm er jedes Mal ihre Einladung an, aufs Land oder zur Finca von Enrique Amorim am Río Uruguay hinauszufahren. Das gesellschaftliche Leben in einem Badeort ist gewöhnlich recht ausgelassen. Man könnte meinen, daß Borges solche Frivolitäten im Hause von ganz der Literatur ergebenen Menschen mißbilligte.

Aber das ist ein Irrtum. Borges war der Frivolität keineswegs abgeneigt. Mehr noch: Er fand sie bei Frauen attraktiv, und bei einigen Männern amüsierte sie ihn. Er mochte und genoß die freie Natur. Er liebte es, in Flüssen und Seen zu schwimmen, und hatte ein waches Auge für die Farbschattierungen einer

Landschaft (er schrieb mir darüber in einem Brief aus Santiago del Estero [S.125]). Einmal ließ er sich beim Schwimmen im Río Uruguay photographieren und schickte mir den Schnappschuß mit vier Zeilen aus dem »Gedicht vom vierten Element« auf der Rückseite:

»Wasser, ich flehe dich an. Um dieser einschläfernden Reihung aufzählender Wörter willen, die ich dir sage, erinnere dich an Borges, deinen Schwimmer, deinen
Freund.
Verweigere dich nicht meinen Lippen im letzten Moment.«

In dem Gedicht tauchen Labyrinth und Fesseln auf, dieses Mal verbunden mit dem Gegensätzlichsten, dem Vergnügen zu schwimmen, sich dem sanften Wasser zu überlassen, das uns trägt.

Seine Naturliebe hatte nichts von klischeehafter Bewunderung. Er entdeckte sie bei jedem Schritt neu – das Privileg derer, die ein wirkliches Gespür für sie haben.

Wir befinden uns am Strand, jenem »brachliegenden Gelände«. Auf Freiflächen zwischen den Gebäuden liegt Abfall herum, Dosen und leere Flaschen, der Kadaver einer Katze oder Ratte, schmutziges Wasser in den Pfützen (»ringsum belauert mich die Nacht der Sümpfe und hält mich auf«).

Man ist versucht sich vorzustellen, das ein nicht alltägliches, schreckliches Erlebnis auf einer dieser Brachflächen dem Jungen auflauerte. Ein Erlebnis, das in Verbindung mit dem Tod stehen muß, der in allen Gedichten seiner frühen Phase gegenwärtig ist; der Tod in Gestalt brüllender, Lanzen schwingender Gauchos, die den »Mann von Urteilen, von Büchern und Gesetzen« – den Mann zivilisierter Konventionen also – besiegen und vernichten sollten.

All das ist natürlich bloß »Mutmaßung«,

Jugend in Genf, Heimkehr

BORGES' INTELLEKTUELLES LEBEN, das Leben, mit dem er identifiziert werden wollte, beginnt mit seiner Jugendzeit in Genf. Davor finden sich nur verstreute Hinweise auf eine Gartenmauer, eine Zisterne, eine windgetriebene Wasserpunpe und die »ringsum lauernde Nacht der Sümpfe«.

In Gesprächen mit seinen Freunden erwähnte er manches Mal die Erzählungen, die seine Schwester Norah in ihrer Kindheit gelesen hatte: Genoveva von Brabant, Rosa von Tannenburg. Aber die erbaulichen und unterhaltsamen Erzählungen des Diakon Schmidt* scheinen ihn kalt gelassen zu haben. Auch Perrault, Grimm oder Galland fanden keinen Platz in seiner biographischen Mythologie.

Wir dürfen annehmen, daß seine Mutter ihm von den Kavalleriegefechten erzählt hat, an denen ihre Vorfahren beteiligt waren. Erst als er ihr 1974 die *Obras completas* widmete, erwähnte er sie als eine seiner Quellen. Der Vorhang, der über seiner Kindheit gefallen war, blieb geschlossen. Vielleicht glaubte er, daß diese mannhaften Taten an Glanz verlören, wenn eine Frau hinter ihnen als Erzählerin in Erscheinung träte. Für ihn gehörten solche Ruhmestaten in die geheime Mythenwelt der Männer.

Als Borges' Familie irgendwann 1913 nach Europa ging, war es eine Reise ohne Rückfahrkarte, eine Reise nicht zum Vergnü-

---

* Evtl.: Friedrich Wilhelm August Schmidt, gen. Schmidt von Werneuchen, 1764-1838, Pfarrer, schrieb ländl. Idyllen im Stile Voß'; von Goethe als märkischer Sandpoet verspottet. [A.d.Ü.]

gen oder um anzugeben. Sie gingen, um zu bleiben; die genauen Gründe sind unbekannt.

Der argentinische Peso war damals eine harte Währung und das Leben in Europa selbst für Familien der Mittelschicht billiger als in Buenos Aires. Es ist schwer vorstellbar, wie Leonor Acevedo in so großer Entfernung von dem Land, das sie liebte, leben konnte. Daß sie es tat, macht die ganze Sache noch undurchsichtiger.

Auf die gleiche Weise wie damals Eltern entschieden, daß ihre Söhne Ärzte, Ingenieure oder Rechtsanwälte werden sollten, war Georgie von Kindheit an dazu bestimmt, einmal Schriftsteller zu werden. Auf dieses Ziel hin wurde er von Jorge Borges erzogen – diesem leutselig dreinblickenden Gentleman, der Ähnlichkeit mit Percy Marmont besaß, einem britischen Schauspieler der zwanziger Jahre, der mit unerschütterlicher Miene in durchweg noblen Liebhaberrollen brillierte. Darin bestand die erste der Weisungen, die Georgie erhielt.

Man begann also dafür zu sorgen, daß sich zahlreiche Mythen um die literarischen Fähigkeiten des Kindes rankten. Wenn seine Mutter mehr als ein halbes Jahrhundert später erzählte, ihr Sohn habe mit sieben Jahren den »Don Quijote« gelesen und anschließend eine Erzählung im Stile der »Versuchungen des Don Ramiro«* geschrieben, dürfen wir annehmen, daß ihre Erinnerung und der gegenwärtige Ruhm ihres Sohnes sie trogen. Georgie muß etwas geschrieben haben, das von den Erwachsenen überarbeitet und erweitert worden war. Ich stütze mich auf die Tatsache, daß Borges erst in reiferen Jahren *Die partiellen Zaubereien des Quijote*** schätzen lernte. Auch erinnert die Geschichte allzusehr an den zwölfjährigen Jesus, der im Tempel den Schriftgelehrten Rede und Antwort steht, oder

---

* Rodriguez Larreta, »La gloria de Don Ramiro. Una vida en los tiempos de Felipe Segundo«, Madrid 1908. Deutsche Übersetzung Köln 1929. [A.d.Ü.]
** Anspielung auf Borges' gleichnamigen Essay (1952). [A.d.Ü.]

an Adelina Patti, wie sie neunjährig mit den Nachtigallen im Garten ein längeres *duetto* anstimmt.

In Spanien sorgten die Borges für ein gewisses Aufsehen. Sie waren zweifellos eine recht seltsame Familie, und alles Bemühen um bürgerliche Wohlanständigkeit, von dem Leonor Acevedo beseelt war, konnte darüber nicht hinwegtäuschen. Die Borges hielten sich für eine normale Familie. Sie waren es nicht und konnten es nicht sein. Aber das Verhalten der Familie bereitete einem Kind den Weg, das einmal ein großer Schriftsteller werden sollte.

Es entsprach dem ästhetischen Ideal jener Zeit, daß man höchste literarische Perfektion in lupenreinen Stilisten nach Art eines Gabriel Miró Ferrer oder Enrique Rodríguez Larreta verkörpert sah. Darauf spielen die sarkastischen Bemerkungen an, zu denen Borges später die wie gemeißelte Vollkommenheit der »Gestalten aus der Passionsgeschichte des Herrn Jesus Christus«* oder der »Versuchungen des Don Ramiro« reizen sollte. Auflehnung gegen das, was seine Familie von ihm erwartete, war auf literarischem Gebiet tief in ihm verwurzelt.

Neben Spanien stattete die Familie auch Frankreich ihren obligatorischen Besuch ab, und anstatt bei Ausbruch des Krieges nach Argentinien zurückzukehren, ließ sie sich in Genf nieder.

In Europa eröffnete sich Georgie eine ganz neue Welt in Büchern, die andere waren, als seine Eltern sie ihm gaben; Bücher, die er selbst für sich entdeckt hatte und begeistert studierte. Er war voller Bewunderung für die alte Stadt Genf – Wirkungsstätte Calvins und Hochburg der triumphierenden Reformation, jener Religion, die seine Großmutter gleichsam osmotisch, und mehr in Form einer Weltanschauung als einer Glaubenshaltung, auf ihn übertragen hatte. Möglich, daß der Protestantismus ein erstes Rebellieren dieses Mannes bedeutete, der alles andere als ein Rebell war.

In einem wenige Jahre vor seinem Tod geführten Interview

* Novellen-Roman von Miró Ferrer, Madrid 1916/17. [A.d.Ü.]

sprach Borges in Zusammenhang mit Genf von »Begeisterung und Demütigung«. Die Begeisterung war für alle ersichtlich; die Demütigung ein Geheimnis, von dem nur sehr wenige von uns etwas erfahren sollten. 1921 kehrte die Familie nach Argentinien zurück. Im Leben des jungen Borges war eine grundlegende Veränderung eingetreten, die ihm schwer zu schaffen machte.

Die Messerhelden und Ganoven waren mittlerweile aus Palermo verschwunden, in seiner Vorstellung jedoch lebten sie fort. Das Land, in das er zurückkehrte, war ihm fremd, aber es war die Heimat seiner Vorfahren und er mußte sich ihm stellen; er mußte es erst für sich erschaffen, um es als Vaterland akzeptieren zu können.

In Genf hatte er mit Begeisterung Schopenhauer gelesen, dessen »Welt als Wille und Vorstellung« ihm nebenbei als Deutschlehrbuch diente, war fasziniert gewesen von den Erzengeln und Seraphen eines Emanuel Swedenborg, aufgewühlt von den flammenden Jungfrauen William Blakes, mußte aber dieses aufrührerische, unirdische Wissen für sich behalten und sich an das neue, sein gegenwärtiges und zukünftiges Land anpassen. Bis zu einem gewissen Grad gelang ihm das. »Ich wollte auch Argentinier sein und vergaß dabei, daß ich es längst war« (Vorwort von 1969 in *Obras Completas*). In den Cafés lieferte er sich mit anderen jungen Literaten endlose Diskussionen über die Bildersprache eines Ruben Darío*, Apollinaire oder Lugones**, vor sich ein Glas Milch, während die anderen an ihrem Zuckerrohrschnaps, Grappa oder Kaffee nippten.

Möglicherweise beeinflußt durch Evaristo Carriego, einen Freund der Familie, traten in seinen Texten Messerhelden als Sinnbild für Männlichkeit und Mut in Erscheinung. Die Ge-

---

* 1876-1916, nicaraguanischer Dichter und Diplomat und einer der einflußreichsten Vorläufer der modernen hispanischen Literatur. [A.d.Ü.]
** Leopoldo Lugones (1874-1938); argentinischer Dichter, zunächst als Angehöriger des Kreises um Dario modernistischer Provinienz; später argentinischer Nationalist, bekannte er sich seit 1929 als Faschist. Beging Selbstmord. [A.d.Ü.]

»Buenos Aires mit Inbrunst«: Carlos Gardels Bildnis auf einem Milchwagen

dichtbände *Buenos Aires mit Inbrunst* (1923), *Mond gegenüber* (1925) und *Notizheft San Martín* (1929) thematisieren die Angst des Dichters, der fühlt, daß er anders ist, und sich integrieren möchte. Diese Integration findet gewöhnlich ihren Ausdruck im Tod als einer Form des Widerstands gegen die Wirklichkeit, mit der er konfrontiert ist.

Auf weniger grundsätzlicher Ebene wurden etablierte Wertvorstellungen für ihn maßgeblich. Er wollte es Lugones gleichtun, der unter den jungen Schriftstellern damals groß in Mode war. Wie jener sang er von fernen Geliebten, der Mondeinsamkeit der Vorstädte und Patios. Er war ein Gefangener auf dem genzenlosen Schachbrett von Buenos Aires und glaubte nicht, jemals von ihm freizukommen. Die weite Welt war sein Zuhause nicht und sollte es nie werden. Seine Welt waren die Straßen von Palermo, der Häuserblock, in dem auch das Haus der Familie stand, der Friedhof La Recoleta, auf dem er seine letzte Ruhe fand. In den Gedichten jener Zeit lauert der Tod hinter jeder Ecke. Für Jorge Luis Borges war das Schicksal beschlossene Sache: Er wußte, daß er erblinden würde, daß seinen Gedichten und den schon damals verhalten aggressiven

Essays die Wertschätzung von Freunden sicher sein konnte; er wußte, daß er sich verlieben und seine Liebe Zurückweisung erfahren würde; daß er ein ums andere Mal durch die altbekannten Straßen laufen und die immergleichen Stimmen hören würde; daß ihm ein bescheidenes und beschränktes Los bestimmt war. Alles das wußte er.

Vom jungen Borges stammt die Behauptung, daß die in der Fremde verbrachten Jahre Illusion seien und er »immer in Buenos Aires war und sein werde«. Eine Liebeserklärung an seine Stadt? So haben es seine Bewunderer interpretiert, die an eine blinde Liebe glauben wollten. Die Liebe von Borges aber war alles andere als blind, sie war eine Willensleistung. Möglich, daß er damit all denen eine Abfuhr erteilen sollte, die ihm schon damals seine Auslandsorientierung vorzuwerfen begannen. Möglich aber auch, daß es sich um das Einbekenntnis eines Scheiterns handelte.

Die Ambivalenz in Borges' Persönlichkeit läßt beide Möglichkeiten plausibel erscheinen.

Er hatte sein düsteres Schicksal akzeptiert, ohne daß er etwas vom Ausmaß seiner Fähigkeiten ahnte, von der aufrührerischen Kraft, die in ihm schlummerte und eines Tages hervorbrechen sollte: die ihn in einen »alten, blinden Mann [verwandelte], der die Säulen des Tempels zum Einsturz brachte«. Borges dachte damals nicht im Traum daran, daß er das Zeug zu einem Samson besaß, dem stärksten aller Helden.

Calle Florida

IN DEM ARGENTINIEN, das Borges bei seiner Rückkehr vorfand, war alles Fassade und die Fassade alles. Bestes Beispiel: die Calle Florida – das Faubourg Saint-Honoré von Buenos Aires –, die Martínez Estrada einmal einen »Gemütszustand« genannt hat.

Diesen Gemütszustand spürte man in der Florida schon auf den ersten Metern. Hier befand sich das große Kaufhaus Gath & Chaves; die Pasaje Güemes mit einem Restaurant im 13. Stock, dem höchsten Punkt der Stadt, von dem aus man den Río de la Plata und, an klaren Tagen, sein östliches Ufer sehen konnte; die Konditorei L'Aiglon mit einer Rollschuhbahn im ersten Stock und einer Boccia-Bahn im Souterrain. Ecke Florida und Diagonal Norte stand zudem die Römische Wölfin mit Romulus und Remus am Gesäuge, die später ihren Platz im Parque Lezama fand.

Auf dem ersten Straßenabschnitt bis zur Calle Corrientes ging es turbulent und fröhlich zu; besagter Gemütszustand war hier vom Selbstbewußtsein einer in ihren Grenzen tonangebenden Mittelschicht geprägt; sie besaß jedoch den Ehrgeiz, diese Grenzen zu sprengen und jenseits der Calle Corrientes Fuß zu fassen, wo ein »anderer Gemütszustand« herrschte, mit der Bar Richmond und dem eindrucksvollen Gebäude des Jockey Club, in dem immer einige reifere Herren saßen, die die Vorzüge der Passantinnen einer eingehenden Betrachtung und Begutachtung unterzogen, wobei sie sich gelegentlich das eine oder andere diskrete Kompliment erlaubten.

Das soziale Niveau war hier deutlich höher, erreichte seinen Höhepunkt jedoch erst jenseits der Calle Córdoba. Dort befanden sich das Centro Naval, Harrods, das Plaza Hotel und – um-

Calle Florida

geben von Gebäuden, die erst jüngst nach dem Vorbild französischer Paläste entstanden waren – die Plaza San Martín.

In diesem Teil der Florida waren die Stimmen gedämpft, die Frauen von schlichter Eleganz, gab es weder Geschrei noch grelle Farben. Es war ein in sich geschlossenes Viertel von Freunden, von Leuten, die sich untereinander kannten, Leuten »vom gleichen Schlag«. Wer die Grenze der Calle Corrientes von Süden her zu überschreiten wagte, fühlte auf dieser Höhe der Florida ein leichtes Unbehagen.

Später zog Borges' Familie aus Palermo fort und ließ sich im Barrio Norte nieder, wo sie mehrmals die Wohnung wechselte und Georgie sich in doppelter Weise entwurzelt gefühlt haben muß.

Nachdem 1938 der Vater gestorben war, bezog die Familie schließlich einen Häuserblock von der Calle Florida entfernt eine Wohnung in der Calle Maipú 994, von der aus man einen Blick auf die Plaza San Martín hatte. Für Georgie war es das zweite Exil nach Palermo, auf das er sich eingestellt hatte, wogegen er mit dem Barrio Norte und jenem »Gemütszustand« auf dem letzten Abschnitt der Florida, nie recht warm werden konnte.

Die neue Wohnung war nicht groß. Es gab ein kleines Wohnzimmer; für Georgie ein winziges Schlafzimmer mit einem schmalen Bett, einem Tisch und einer Kommode; eine Küche und ein kleines Badezimmer sowie das Schlafzimmer der Hausherrin mit einem großen Baldachinbett, das fast den ganzen Raum einnahm. Norah, die mit dem spanischen Schriftsteller Guillermo Torres verheiratet war, wohnte schon nicht mehr bei der Familie.

Im Leben des Protestanten Borges, des Homme de Lettres und empfindsamen Menschen, war eine erneute Veränderung eingetreten: Das festgefügte Universum, mit dem er sich arrangiert hatte, brach zusammen. Zwei Menschen halfen ihm damals aus der tiefen Verunsicherung heraus, in die er geraten war: Die Frau, der er die *Universalgeschichte der Niedertracht* widmete, und der junge Bioy Casares, der ihn glühend bewunderte und zum engsten Freund und literarischen »Kollaborateur« des fünfzehn Jahre älteren Borges werden sollte.

Um ins Leben zu finden (»bis zum heutigen Tag habe ich Phantasmen hervorgebracht; die einen, meine Erzählungen, hielten mich vielleicht am Leben«, Brief [S. 123] an E. C.), begann er schüchtern nach Liebe zu suchen. Von dieser Suche zeugen die zahlreichen Namen von Frauen, denen er seine Gedichte und Erzählungen widmete.

Wie ertrug dieser so empfindsame junge Mann die Begegnung mit einem Land, das seinen Platz in der Geschichte noch nicht gefunden hatte, diese Rückkehr in die Steinzeit, dieses bunte Treiben an der Oberfläche einer Leere?

In jedem Argentinier lebt der verzweifelte Wunsch, sein Vaterland zu lieben, und Borges machte da keine Ausnahme. Von diesem leidenschaftlichen Zwiespalt der Gefühle, einer Mischung aus Wollen und Nicht-Können, zeugte 1945 die mit Teer an die Wände von Buenos Aires gepinselte Inschrift: »Wir sind die Wut«. Gemeint ist eine Wut, die Liebe mit Gewalt durchsetzen wollte, Liebe zu jenem wirklichen und angsteinflößenden Argentinien.

Kehren wir aber zu den zwanziger Jahren zurück. Die in Europa verbrachten Jahre waren eine Fata Morgana gewesen, und so wollte sie Borges jetzt sehen. Er begann seine Streifzüge durch die Straßen von Buenos Aires, auf der Suche nach einer Antwort auf seine quälenden Fragen. Jahre später sollte er mir schreiben:

»Eine [fremde] Stadt zu entdecken, hätte wohl, wie du richtig sagst, etwas Magisches. Zum Glück läuft eine andere Stadt uns nicht weg: unser grenzenloses, veränderliches, unbekanntes und unerschöpfliches Buenos Aires« [S. 121].

Für Borges lag das Geheimnis der Welt eingeschlossen in einer Bibliothek, deren Bücher man auf verborgene Zeichen hin lesen mußte. Das rätselhafteste Buch war augenblicklich Buenos Aires, und es lag aufgeschlagen vor ihm. So lernte er all-

mählich, die Schattierungen des Labyrinths zu unterscheiden und sich Straßenecken, Einzelheiten der Türstürze, Düfte, das Blutrot der Sonnenuntergangsfarben einzuprägen. Er schrieb ein Gedicht von einigen wenigen Zeilen über eine Schlachterei, »übler als ein Bordell«; entzog sich aber der scheußlichen Realität durch eine Metapher:

Über dem Türsturz
hat ein blinder Kuhkopf
Vorsitz beim Hexensabbat
aus grellem Fleisch und endgültigem Marmor
mit der entrückten Majestät eines Götzen.

Die Gedichte in *Buenos Aires mit Inbrunst* und *Mond gegenüber* konfrontieren uns mit der *tristesse* der ärmeren Viertel, die sich in den schmutzig-roten Häuserwänden spiegelt, die die herbstlichen Dämmerungen verlängern. Und lassen uns die Nähe des Todes spüren.

Die maßlosen Sonnenuntergänge der Pampa werfen rötliche Flecken auf die Häuser, die ihre vorwitzigen Dächer über die Ebene erheben und dieses unendliche, alles verschlingende Schachbrett konturieren. Ein Gefängnis, grenzenlos und veränderlich wie Meereswellen, Formen, die uns identische Wiederholungen anderer Formen scheinen, eine abgezirkelte Gestalt nach vorgefertigtem Schema. Er mußte diese Stadt lieben: er hatte nichts anderes. So lautete die Weisung.

Einiges deutet darauf hin, daß die Familie bei ihrer Rückkehr nach Buenos Aires recht isoliert war. Georgie fand seine erste Anstellung bei *Crítica*, einem forschen und skandalträchtigen Abendblatt, Vorläufer unserer heutigen Regenbogenpresse. *Crítica* war eine linksgerichtete Zeitung, die sich für die kleinen und herumgestoßenen Leute stark machte, gab sich damit aber nicht zufrieden. Es hatte auch die zu Recht oder Unrecht verfolgten Kriminellen ins Herz geschlossen. Das Blatt fand reißenden Absatz; seine Spezialität waren Verleumdungskampagnen, die gegen entsprechendes Kleingeld eingestellt werden konnten. In gutbürgerlichen Kreisen hatte *Crítica* einen verheerenden Ruf, und die Tatsache, daß sich der junge Borges seine journalistischen Sporen in diesem unsäglichen Abendblatt verdiente und nicht in einer der angesehenen Tageszeitungen wie *La Nación* oder *La Prensa*, verrät, daß ihm die nötigen Beziehungen fehlten.

Trotz all ihrer Schäbigkeit bewahrte Borges keine schlechten Erinnerungen an *Crítica*. Er lernte einiges dort und urteilte nicht bloß nach dem äußeren Anschein. Er machte sogar Bekanntschaft mit Kokain, das damals in jeder Apotheke zu bekommen war und von dem sich seine Kollegen gegenseitig anboten, als handele es sich um Pfefferminzpastillen.

Er schilderte diese Erfahrung gern als ein interessantes und für die damals junge Generation verblüffendes Ereignis. Er hatte von dem Kokain genommen, aber nicht einmal eine besondere Wirkung verspürt; sein Vorstellungsvermögen bedurfte keiner Stimulantien. Wenn er davon erzählte, dann wie von etwas Alltäglichem, ohne zu verurteilen oder zu bewerten; es war in seinen Augen nicht einmal eine Mutprobe gewesen.

In der geschlossenen Welt der Familie wurde mit dem Tod der Großmutter 1918 und der Erblindung und Hinfälligkeit des Vaters die Mutter immer mehr zur beherrschenden Gestalt. Leonor Acevedo war eine lebhafte, zerbrechlich wirkende Frau von unerschütterlicher Willenskraft. Wie alle Argentinier brauchte sie etwas, das ihr in der flachen Grenzenlosigkeit einen Halt geben konnte, und sie fand es zeitlebens in der Verehrung ihrer Vorfahren. Nur wurde jetzt diese Verehrung bei ihr zur Obsession. Für uns Amerikaner aus dem Norden oder Süden des Kontinents, die wir am westlichen Rand des Westens leben, ist die Ahnenverehrung eine Ausflucht. Sie ist ein Totenkult, zumal zwischen den Generationen keine innere Bindung, keine Kontinuität besteht. In den Weiten der Pampa ist jeder auf sich allein gestellt, es gelten keine wie immer gearteten menschlichen Bande. Leonor Acevedo aber war gewillt, sie zu knüpfen. Durch die Gedichte ihres Sohnes irrlichtern jene »Gauchos«, die fintenreichen Indianern nachjagen und bei undurchsichtigen Scharmützeln im Namen einer illusorischen Freiheit den Tod finden.

Gewiß, Borges spricht ausdrücklich von »der Bürde von Junín in seinem Blut«, doch geht es ihm lediglich um ein Verstehen. »Der wahre Grund / ist ein allgegenwärtiges und verschwommenes Erahnen des Geheimnisses der Zeit; / es ist das Staunen vor dem Wunder... / daß... / etwas in uns überdauert: / unbeweglich« (Final de Año, *Obras Completas*).

Es ist der unbewegliche Bewegungsmittelpunkt, zu dem er auf anderem als mystischem Wege gelangt, das Zentrum, das in manchen Grenzsituationen erfahrbar wird. Der Geist dieses Mannes war, wenn er sich über traditionelle Strukturen hinwegsetzte, auf die Extreme gerichtet. Er war ein geborener »Extremist«.

Die Heimkehr (in *Buenos Aires mit Inbrunst*) spricht von dem »frühen Haus der Kindheit«:

»und wieviel zerbrechlicher Neumond
muß den Garten mit seiner Zärtlichkeit erfüllen,
ehe mich das Haus wiedererkennt
und erneut Gewohnheit wird!«

Das Gedicht *Am Horizont einer Vorstadt* (in *Mond gegenüber*) bewahrt eine seltsame Beobachtung:

»Pampa:
Ich weiß, dich zerreißen
Furche und Hohlwege und der Wind, der dich wandelt.
Langmütige männliche Pampa, die du schon in den
                                        Himmeln bist,
ob du der Tod bist, weiß ich nicht. Ich weiß, du bist in
                                        meiner Brust.«

Wer ist diese »männliche Pampa«, diese weibliche Personifikation mit erzwungener Männlichkeit – wo doch Borges nie über Frauen schrieb, es sei denn als Ergänzung oder Vorwand für eine dramatische Situation, in der sie außen vor bleiben? Wer oder was ist die »schmerzensreiche, männliche Pampa«? Die ungestüme Entfaltung von Lokalkolorit verdeckt seine Resignation. Die bleichen Verlobten in den dämmernden Patios werden von einer pittoresken, bodenständigen Männlichkeit ersetzt, einem leeren Symbol, einer hohlen Geste.

Das Leben, das Borges in den zwanziger Jahren führte, unterschied sich nicht von dem junger Literaten in allen anderen Städten der Welt: Man saß bis zum Morgengrauen in den Cafés, redete sich über alle erdenklichen Themen die Köpfe heiß, mit der unersättlichen intellektuellen Leidenschaft von Menschen, die gerade erst das Leben für sich neu entdecken – so war es früher, und so wird es immer sein.

Buenos Aires besaß ein reges literarisches Leben, und Borges war in jenen Jahren, trotz seiner einzelgängerischen Leidenschaft für die nordische und angelsächsische Welt, wie alle Spanier und Südamerikaner ein eingefleischter Kaffeehausbesucher. Die argentinischen Literaturgeschichten sprechen von zwei Gruppen, der von Florida und der von Boedo (einer Straße in den Außenbezirken der Stadt), und ordnen Borges der ersteren zu, deren Vertreter dem »linken oder liberal gesinnten Bürgertum« angehört haben sollen, während die andere Gruppe mit einem links- oder rechtsgerichteten Populismus in Verbindung gebracht wurde. In Wirklichkeit waren die Abgrenzungen weniger eindeutig und überwogen die Überschneidungen. Man hat den Eindruck, daß »Florida« und »Boedo« weniger für die vermeintlichen Protagonisten als in den Köpfen der Historiker existierten. Die ursprüngliche Situation war ein Mischmasch, an das von außen Abgrenzungen und Klassifizierungen herangetragen wurden, die ein übertriebenes Bild zeichnen, teils um Einstellungen vorzutäuschen, die der Kritik die Aufgabe erleichtern, teils aus Unredlichkeit. Der angebliche »Florida«-

*Victoria Ocampo
in den dreißiger
Jahren*

Mann Borges fand seine Anregungen in den ärmlichen Vorstädten; für den aus dem aristokratischen Cinco Esquinas stammenden, angeblichen »Boedo«-Mann Leónidas Barletta* dagegen gab immer das Zentrum die Bühne ab.

So oder so änderte sich das intellektuelle Leben von Buenos Aires grundlegend, als eine Frau auf den Plan trat, die den Kreisen der Macht und des Geldes entstammte und von der die Zeitschrift *Times* 1943 schrieb, sie sei »die beherrschende Figur des literarischen Lebens in Argentinien: Victoria Ocampo, hochgewachsen und immer in maßgeschneiderter Kleidung«.

Beflügelt durch Anregungen ihrer prominenten ausländischen Freunde, gründete Victoria Ocampo 1931 die Monatszeitschrift *Sur*, die sich bis in die späten sechziger Jahre halten konnte – eine nicht nur für argentinische Verhältnisse unglaubliche Leistung. *Sur* erschien in einer Auflage von weniger als 5000 Exemplaren, aus deren Erlös die Druck- und Vertriebskosten zu keinem Zeitpunkt gedeckt werden konnten; in den dreißiger und vierziger Jahren jedoch erledigte Victorias Privatvermögen diese kleinen Probleme (die in den fünfziger Jahren schon nicht mehr so klein waren, in den Sechzigern schließlich erdrückend wurden).

Victoria war eine äußerst kultivierte Frau mit einem unbestechlichen Geschmack, was ihre Zeitung auf ganzer Linie unter Beweis stellte. *Sur* besaß ein Format von etwa dreißig mal zwanzig Zentimetern; der Umschlag zeigte einen Pfeil, der nach unten, auf den in großen, deutlichen Buchstaben gedruckten Namen wies. Monatlich wechselte die Farbe des Umschlags, und das Papier war von ausgezeichneter Qualität. Die ausländischen Mitarbeiter der Zeitung gehörten zu den angesehensten Schriftstellern ihrer Zeit: André Gide, Virginia Woolf, Nicolas Berdiajew, Henri Michaux, Waldo Frank, Graf Kayserling, Aldous Huxley, Ortega y Gasset etc. Obwohl sich *Sur* ausschließlich um literarische Qualität bekümmerte, stand sie doch dem

---

* Leónidas Barletta (1903-?); Autor realistischer Romane und Erzählungen

Faschismus in den dreißiger und vierziger Jahren feindlich gegenüber und war unter den Nationalisten, die bei Ausbruch des spanischen Bürgerkriegs ihre Mitarbeit einstellten, als »rot« verschrien. Zehn Jahre später immerhin, in der Zeit des Kalten Krieges, betrieb *Sur* einen diskreten und wirksamen *McCarthyism** und entledigte sich ihrer linksgerichteten Mitarbeiter im eigenen Land. Zwar vertrat *Sur* – von ihrem Anti-Totalitarismus einmal abgesehen – offiziell keine bestimmte politische Position; dennoch wurde José Bianco, nach fünfundzwanzig Jahren als Chefredakteur der Zeitung, von Victoria Ocampo genötigt, seinen Posten aufzugeben, weil er es gewagt hatte, eine Einladung in Fidel Castros Kuba anzunehmen.

Vor José Bianco war Borges' Schwager Guillermo de Torres für kurze Zeit Chefredakteur von *Sur* gewesen. Wenngleich Borges in der Zeitschrift einige seiner ambitioniertesten Erzählungen veröffentlichen sollte, gehörte er doch nie und nimmer dem Kreis um Victoria Ocampo an. Er fühlte sich in ihrem Haus nicht wohl und sagte das jedem, der es hören wollte. Victoria war eine ehrfurchtgebietende und herrische Persönlichkeit, und die Aufmerksamkeit, die sie berühmten ausländischen Autoren reichlich zuteil werden ließ, blieb ihren Landsleuten weitgehend vorenthalten.

Viele Jahre später, Borges war mittlerweile zu einer Berühmtheit geworden, zeigte sie sich weniger hochmütig – aber umsonst. Als sie 1979 starb und er zu einer positiven Stellungnahme genötigt war, wußte er lediglich lobend zu erwähnen, daß sie in religiöser Hinsicht Agnostikerin gewesen sei. In einem überwiegend katholischen Land ein seltsames Lob, wenngleich er selbst es nicht so empfand. Und er hob hervor, er sei »mit Silvina befreundet gewesen«, der Schwester von Victoria.

Intellektuelle werden in Argentinien zwar geschätzt, aber

* Joseph Raymond McCarthy, republ. Politiker. 1950-54 Vorsitzender des Senatsausschusses zur Untersuchung »unamerikanischer Umtriebe«. Mit seinem Namen verbindet sich eine antikommunistische, nationalistische und antisemitische Vorurteile mobilisierende Verfolgungswelle in den USA während des Kalten Krieges. [A.d.Ü.]

Sur, 1931. **Oben:** *Francisco Romero, Eduardo Bullrich, Guillermo de Torre, Pedro Henrique Urena, Oliverio Girondo, Eduardo Mallea, Norah Borges, Victoria Ocampo.* **Unten:** *Ernest Ansermet, Enrique Bullrich, Borges, Maria Carolina Padilla, Ramón Gomes de la Serna und Maria Rosa Oliver.*

nicht gelesen, und niemanden interessiert, was sie zu sagen haben. Obwohl Borges Ende der dreißiger Jahre schon einen Namen besaß, hatte er Mühe, seinen Lebensunterhalt zu verdienen. Die meisten Schriftsteller in Spanien und Lateinamerika arbeiten als Lehrer; unmöglich für Borges, der stotterte und nicht die erforderlichen akademischen Qualifikationen besaß. Sein Freund Bioy Casares, dessen Vater in einer früheren Regierung Außenminister gewesen war, besorgte ihm eine Anstellung als bibliothekarische Hilfskraft einer öffentlichen Bücherei in Boedo.

In dieser Bibliothek schrieb er auf einem Blatt mit dem Briefkopf der Stadt Buenos Aires eine der Seiten von *El Aleph*.

Insgeheim kränkte ihn seine untergeordnete Stellung; immerhin hatte er an den Vormittagen frei, waren die Arbeitszeiten nicht allzu streng und konnte Borges über ein kleines Taschengeld verfügen, um seine Freunde zum Essen oder ins Kino einzuladen. Außer Büchern waren das seine einzigen Ausgaben. Seine Kleidung suchte er nicht selbst aus, teils wegen seiner schlechten Augen, teils aus Gleichgültigkeit gegenüber allen Äußerlichkeiten. Seine Mutter oder Schwester und sogar sein Schwager mußten dies für ihn erledigen. Und sein ganzes Leben lang wirkte er ein wenig verwahrlost, außer in den letzten Jahren, als Fanny, seine Haushälterin, und María Kodama, seine Sekretärin, sich darum kümmerten.

In den dreißiger Jahren fühlten sich sensible und aufgeweckte junge Menschen von Borges' eigentümlich poetischen Ideen angezogen, von der tief empfundenen Atmosphäre in seinen Erzählungen, die sie nach verborgenen Anspielungen durchleuchteten und die in einer abgezirkelten Sprache geschrieben waren, in der jedes Wort Dinge zum Ausdruck brachte, die niemand zuvor mit ihnen ausgedrückt hatte. Seine Morgendämmerungen und Landschaften, seine Häuser, Straßen und Friedhöfe wie auch seine Spielertypen und Ganoven besaßen eine bislang ungekannte Tiefendimension. Diese prikkelnd lebendige, emotionsgeladene Literatur wurde von einem scharfen Verstand kontrolliert, dem nichts zu entgehen schien. Einige empfanden Begeisterung; alle waren beeindruckt.

1937 startete Borges eine Seite mit Besprechungen ausländischer Bücher und Autoren in *El Hogar*, einem mondänen Massenblatt. Zwischen Berichten über die Hochzeiten der Reichen, über Debütantinnenbälle und Damen der Gesellschaft, die wegen ihres Bankkontos oder ihrer eleganten Erscheinung von sich reden machten, schrieb er Texte über Murasaki Shikibu, Paul Valéry und James Joyce. Joyce interessierte ihn nicht, doch die Blindheit des Iren reizte seine Phantasie. Schon damals fesselte ihn das Bild des blinden Sängers.

Seine kurzen Kommentare – er hatte nur eine Seite zur Verfügung und mußte sechs oder sieben Schriftsteller auf einmal besprechen – blieben nicht unbemerkt. Intellektuell neugierig ist die argentinische Oberschicht immer gewesen, und sie hat durchaus ein Gespür für neue Einflüsse, wenn es ihr auch nicht gelingt, sie positiv umzusetzen.

In jener Zeit hatte Borges einen Unfall: In einem Treppenhaus stieß er mit dem Kopf gegen einen geöffneten Fensterflügel. Die Wunde infizierte sich, und mehrere Monate mußte er mit verbundenem Kopf herumlaufen. Der Verband gestaltete sich zu einer Art Turban, und als er sein normales Leben wiederaufnahm, lief er mit einem Kopfschmuck durch die Straßen, der einem *swami* zur Ehre gereicht hätte. Die Wunde hinterließ eine tiefe Narbe auf seinem Schädel, die aber sein glattes, weiches Haar vollständig bedeckte. Wenn er von jener Zeit sprach, erinnerte er sich, daß er damals auf einen Spazierstock angewiesen war, weil er kaum etwas sehen konnte. Als ich ihn kennenlernte, hatte er den Stock schon wieder abgelegt; er trug nicht einmal eine Brille, außer im Kino. Er konnte Brillen nicht leiden: seine nebelverhangene »natürliche« Welt war ihm lieber.

Während jener Phase der Blindheit verkörperte er bereits vorübergehend die Gestalt, in der er viele Jahre später als alter, gebrechlicher und berühmter Mann der Welt entgegentreten sollte: ein gravitätischer und vergeistigter blinder Greis, der sich den Weg mit einem weißen Stock ertastete, ein bescheidener Alter, der unbekannte Passanten bat, ihm über die Straße zu helfen; ein wenig wie Odysseus als Bettler in Ithaka oder Ödipus auf dem Hügel Kolonos, ein verkleideter König. Sein Leben war zur Fabel geworden. Der Mythos war keine Flucht vor der Realität, sondern ihr Höhepunkt. Die Literatur war kein Trost für Gebrechen, sondern intensiviertes, gesteigertes und sinnerfülltes Leben. »Der schwarzgekleidete Straßenbahnfahrer« war zu einem geehrten Gast auf der ganzen Welt geworden. Noch aber war es lange nicht soweit.

Borges und Estela Canto auf der Costanera,
der Uferpromenade von Buenos Aires

Parque Lezama und die Folgen

JENE SOMMERNACHT im Dezember 1944, in der wir fünfzig Häuserblöcke weit gelaufen waren und uns dann im Parque Lezama auf die Stufen des griechischen Theaters setzten, war der Beginn unserer Freundschaft. Ich sage »Freundschaft«, denn etwas anderes war es für mich nie. Er projizierte auf mich seine Träume, oder besser gesagt, die unbewußte Sehnsucht, aus seinem bisherigen Leben auszubrechen. Von Anfang an kam es zwischen uns zu Mißverständnissen. Jeden Morgen, wenn er mit einem Roman von Henry James oder Gustav Meyrink in der Tasche bei mir eintraf, legte er das Benehmen eines ungelegenen Verehrers an den Tag, der fürchtet, von seiner Angebeteten zurückgewiesen zu werden. Er war fünfundvierzig, ich achtundzwanzig. Alt genug, sollte man meinen, um sich solche Dummheiten zu ersparen. Ich erwartete Offenheit und Direktheit, während er es vorzog, Distanz zu wahren, und ich, die ich mich von ihm als Mann nicht angezogen, wohl aber durch sein Interesse geschmeichelt fühlte, akzeptierte stillschweigend die Situation.

Unsere ersten Mißverständnisse waren literarischer Art. Obwohl ich einige lyrische Passagen in »Youth« oder »Heart of darkness« durchaus bewegend fand, gelang es ihm nicht, mich mit seiner Begeisterung für Conrad oder Stevenson anzustecken. So wie ich ihn nicht dazu bewegen konnte, seine schlechte Meinung von Thomas Mann zu revidieren, der einer meiner Lieblingsautoren war, oder seine ungerechte, fast feindliche Gleichgültigkeit zu überdenken, die er gegenüber Tolstoi, Dostojewski, Tschechow und weniger prominenten Russen an

71

den Tag legte. Für ihn reduzierte sich die russische Literatur auf »Pikdame« von Puschkin.

Über Henry James gerieten wir beinahe aneinander. Ich habe der gewundenen und umständlichen Art dieses Autors nie etwas abgewinnen können; seine sentimentalen, in eine verworrene und unendlich verschachtelte Prosa verpackten Romanhandlungen erschienen mir wie das literarische Gegenstück einer Panikreaktion. Ich beschloß, einen empfindlichen Punkt anzusprechen. Von Borges' Wertschätzung für »männliche« Autoren (Conrad, Chesterton, Melville, Quevedo) wußte ich ebenso wie von seiner Verachtung für das, was er als »Literatur für Frauen« ansah.

»Die Themen von James«, begann ich, »sind die gleichen wie in den Erzählungen, die man in Frauenzeitschriften zu lesen bekommt, nur daß sie bei ihm bis zur Unkenntlichkeit verschroben und verwickelt daherkommen«.

Das saß. Er wurde wütend und ich mußte mir für meinen Übermut eine ganze Weile seine sarkastischen Bemerkungen gefallen lassen. Trotzdem hatte ich das Gefühl, als redete er, wie um sich selbst zu überzeugen, um den Stachel auszuziehen, den ich in seine vorgefaßten Meinungen getrieben hatte.

Für ihn waren die bewegenden Momente der Literatur ihre Kulminationspunkte. Borges hat nie einen Roman geschrieben, und ich vermute, daß dieser unersättliche Leser, was Romane betraf, ein sehr unvollkommener, nicht allzu gewissenhafter Leser war. Die Basis eines Romans ist Kontinuität; er ist eine Ebene, kein Gipfel. Borges hingegen zollte den *Bravourstücken* seine Bewunderung; das Kontinuierliche langweilte ihn. Von einem Roman griff er sich eine Situation heraus und ließ das übrige unbeachtet. Ausgerechnet in einem damals sehr beliebten Roman der »weiblichen« Sorte, »Fanny by Gaslight« von Michael Sadleir, gab es eine »Situation«, die seine einseitige Aufmerksamkeit fesselte.

Diese Situation wiederholte in etwas veränderter Form den Fall von Maisy, einem neunjährigen Mädchen, in »*What Maisy knew*« von Henry James. Maisy wird von ihrem in Scheidung lebenden Vater in seine Junggesellenwohnung gebracht. Der Autor beschreibt die luxuriöse, einschmeichelnde, ausgefallene und exotische Atmosphäre durch die Augen des Mädchens, wie den verzauberten Ort in einem Feenmärchen, und es bleibt dem Leser überlassen herauszufinden, worum es sich bei diesem magischen Ort handelt. Ähnlich lebt die kleine Fanny in einer Art von zweideutigem *café-concert*, doch einige der aus der unschuldigen Perspektive des Kindes geschilderten Episoden lassen die tatsächlichen Verhältnisse durchblicken und dem Leser ein Licht aufgehen.

Er brachte mir den Roman. Was ihn interessierte, erschöpfte sich auf den ersten vierzig Seiten.»Fanny by Gaslight« hat ungefähr fünfhundert. Im Roman erfährt Fanny, daß sie ein uneheliches Kind ist; später arbeitet sie als Dienstmädchen bei ihrem Vater, dessen Frau nicht ihre Mutter ist; sie hat Liebschaften, wird schwanger, etc. Das heißt, sie erlebt all die Dinge, die Heldinnen in Romanen dieser Sorte zu erleben pflegen. Borges hatte für sich beschlossen, vierhundertfünfzig Seiten des Romans zu ignorieren; daß er in einem viktorianischen Ambiente spielt und die bedrückende Welt von Frauen aus bescheidenen sozialen Verhältnissen schildert, davon hatte er nicht das geringste mitbekommen. Wenn man ihn darauf hinwies, zeigte er sich desinteressiert und dabei hatte es sein Bewenden.

Wenn ich bei ihm auch kein Mitgefühl für Fannys Schicksal erwartete hatte, war doch seine Gleichgültigkeit gegenüber dem Gesamtzusammenhang einer Romanhandlung für mich überraschend. Diese Ignoranz hatte etwas zugleich Infantiles und Unmenschliches, und obgleich ich ahnte, daß dies mit seinem besonderen Talent in Zusammenhang stand, blieb der Eindruck von menschlicher Unzulänglichkeit bei mir haften.

Ein weiterer Anlaß für Unstimmigkeiten war ein Film, der erstmals vor dem Krieg in die Kinos von Buenos Aires kam: Sergej Eisensteins gefeierter und großartiger »Alexander Newski«

(1938), den wir beide schon mehrfach gesehen hatten. 1945 wurde er erneut gezeigt und wir schauten ihn uns gemeinsam an. Der Film erzählt bekanntlich von der Niederlage, die Fürst Alexander Newski den deutschen Ordensrittern beibrachte, als diese im XIII. Jahrhundert nach Rußland vorzudringen versuchten. Die Leute gingen sich einen Film anschauen, und was sie sahen, war ein künstlerisches Meisterwerk. Viel ist über »Alexander Newski« gesagt worden: Er sei der Triumph der Schlichtheit über die Kompliziertheit, der von Holz über Stahl, von Landwirtschaft über Industrie, des Ewig-Weiblich-Russischen über das Männlichkeitsprinzip des germanischen Agressors, der Umgehungstaktik über den Direktangriff in Keilformation... Eisenstein sei der typisch byzantinische Künstler, mit seinen monumentalen, flächigen Figuren und dem im Nimbus der Heiligkeit stehenden Alexander Newski als einem Christus Pantokrator... Und dann die Musik von Prokofjew... All diese subtilen oder gespreizten, stimmigen oder irrigen Analysen interessierten Borges nicht im geringsten; genausowenig der politische Widerhall, den der Film in jener Zeit finden konnte. Eine einzige Sache begeisterte ihn: der Sturmangriff der Ordensritter, die in ihren Helmen, die ihre Gesichter verbargen, und in ihren leuchtend weißen Mänteln zum Rhythmus der anschwellenden Musik herangalloppierten. Der Höhepunkt war für ihn der Moment, als Alexander Newski, der von einem Felsvorsprung aus den Vormarsch der Feinde beobachtet hatte, seinem bäuerlichen Heer den Befehl gibt: »Laßt den Stoßtrupp durch. Die Deutschen greifen immer auf diese Weise an.«

Wir sahen den Film gemeinsam in den letzten Kriegsmonaten, als die Erinnerung an die Schlacht von Stalingrad noch frisch war. Die Parallelen drängten sich auf, doch er wies sie zurück. Sicher war der politische Bezug nicht zwingend gegeben, doch starrte er ins Leere oder wechselte das Thema, wenn ich darauf anspielte. Er bewunderte bestimmte Bildeinstellungen in »Alexander Newski« und vermutete, daß meine Begeisterung keine rein ästhetischen Gründe hatte. Er nahm weder für die Deutschen, noch für die Russen Partei; ihn faszinierte der besagte Ritterangriff. Das war alles.

Borges' Liebe war romantisch, exaltiert und besaß eine gewisse jugendliche Unschuld. Er schien sich rückhaltlos hinzugeben, flehte, man möge ihn nicht zurückweisen, und verklärte die Frau zu einer unerreichbaren Göttin, die zu besitzen man nicht hoffen durfte. Er war nicht sentimental, sondern lyrisch. Aber lieben konnte ich ihn nicht.

An dieser Stelle möchte ich die Leser um Nachsicht bitten. Dies ist ein Buch über Borges, und nur in diesem Zusammenhang soll von meiner Person die Rede sein. Damit aber die Situation deutlich werden kann, um die es hier geht, muß ich ausnahmsweise von mir selbst sprechen.

Als ich Borges traf, war ich achtundzwanzig. Von der Liebe kannte ich »die Urbilder und die Herrlichkeit«, auch die Mißverständnisse, die Irrtümer, die blinden Triebe, die sich unserer zuweilen bemächtigen. Andererseits waren mir ihre flüchtigeren Seiten nicht fremd. Ich hatte ein bewegtes Leben geführt und mich reizte das Abenteuer. Zudem war mein soziales Umfeld ein anderes als das der Frauen, die Borges kannte.

Meine Familie stammte aus Urugay, einem traditionell liberalen Land, in dem sich bis heute Spuren der einst sehr einflußreichen Freimaurerei finden. Die Familie meiner Mutter – deren Nachnamen in einem der Briefe erwähnt werden, die mir Borges während seines Aufenthaltes auf der Finca des eng mit ihm befreundeten urugayischen Schriftstellers und Kommunisten Enrique Amorim schrieb [S. 118] – hatte im Gebiet der Flüsse Uruguay und Daimán Ländereien besessen. Aber das ist eine alte Geschichte. Als Borges mich kennenlernte, war ich eine Frau, die seit ihrem zwanzigsten Lebensjahr gearbeitet hatte. Ich durchlief verschiedene Büros, hatte Jobs in der Werbung und im Maklergeschäft, kurzzeitig auch in Filmstudios und beim Radio gefunden und mir damit, ehrlich gesagt, mehr schlecht als recht meinen Lebensunterhalt verdient. Immerhin sicherte mir das eine gewisse Unabhängigkeit. Zu jener Zeit arbeitete ich als Übersetzerin für den Verlag Emecé. Ich hatte immer viel gelesen und begann zögernd selbst zu schreiben.

Die Frauen, mit denen Borges in der Regel verkehrte, waren entweder sehr katholisch und unglücklich verheiratet, worüber sie sich durch künstlerische oder karitative Aktivitäten hinwegtrösteten, oder es waren schon etwas in die Jahre gekommene Jungfrauen, die eine gescheiterte Verlobung hinter sich hatten. Diese Frauen waren kultiviert, liebenswürdig und auf Konventionen bedacht. Ich dagegen nahm sehr ernst, was ich las, wendete es wörtlich auf das Leben an, und alles Konventionelle war mir ehrlich zuwider.

Für Borges war ich einfach eines jener etwas »verwahrlosten« Mädchen aus gutem Hause. Meine Familie, die zu Lebzeiten meines Vaters ein bequemes Auskommen hatte, steckte damals in wirtschaftlichen Schwierigkeiten. Das Bewußtsein dieser demütigenden Situation, besonders in Argentinien, wo man eigenem und fremdem Geld große Beachtung schenkt, machte mich gehemmt. Daher meine situationsbedingte Schüchternheit, die Borges irrtümlich für ein wesentliches Merkmal meines Charakters hielt. Andererseits war ich eine attraktive Frau. Es kam mir nicht in den Sinn, daß Liebe etwas mit Ehe oder Geld zu tun haben könnte. Ich mochte Männer, die wie ich Gefallen an Freiheit und Abenteuer fanden. Natürlich waren fast alle Ausländer... und nicht immer frei und dem Abenteuer gewachsen.

Borges' Verhalten mir gegenüber rührte mich. Mir gefiel die Rolle, in der er mich sah, die ich für ihn spielte. Sexuell war er mir gleichgültig... er mißfiel mir nicht einmal. Ich genoß die Unterhaltung mit ihm, doch seine Konventionalität deprimierte mich. Seine abrupten, linkischen Küsse zu den unpassendsten Momenten ließ ich nachsichtig über mich ergehen. Nie gab ich vor, etwas zu fühlen, das ich nicht fühlte.

Das war die Frau, die Borges im argentinischen Sommer 1944 kennenlernte. Ich hatte nichts gegen einen Flirt, war aber nicht gewillt, mein Leben zu ändern oder einzuschränken. Ich fühlte mich jung, stark und fähig, das Leben zu leben, das ich mir ausgesucht hatte.

Zwei Dinge machten mich hellhörig:

Zum einen führten wir nie wieder ein so langes Gespräch wie bei unserer ersten Begegnung, als wir bis zum frühen Morgen im Parque Lezama saßen. Danach fielen unserere Unterhaltungen in die Zeit zwischen sieben und zehn Uhr abends, wenn wir spazierengingen oder in einem Restaurant zu Abend aßen. Wenn wir uns gelegentlich auf meine Anregung hin nach dem Kino in ein Café setzten, um noch etwas über den Film zu plaudern, wirkte er auf mich nervös und angespannt, wie besorgt ob der späten Stunde.

Und zum zweiten: In jedem Restaurant, das wir besuchten, bestellte er zunächst beim Kellner sein bewußtes Menü – »Reissuppe, ein gut durchgebratenes Beefsteak, Käse und Quittengelee..., dazu viel Wasser« – und stand dann auf, um zu telefonieren. Das dauerte nie lange, und er kehrte sehr erleichtert an den Tisch zurück, als hätte er eine Pflicht erledigt. Auch in den Cafés blieben diese Telefongespräche nie aus. Bei ein oder zwei Gelegenheiten verlangte er überstürzt nach der Rechnung, kaum daß er wieder am Tisch saß.

Eines Abends im Restaurant des Hotels Comercio Larre de Constitución ging Borges telefonieren, als ich gerade auf der Toilette war. Auf dem Rückweg kam ich dicht am Tresen vorbei, wo das Telefon stand, und hörte seine Stimme sagen: »Ja, Mutter... Ja..., nachher gehen wir ins Ambassador... Ja, Mutter, ja... Estela Canto... Ja, Mutter.«

Frau Borges wollte über jeden Schritt ihres Sohnes unterrichtet sein. Sie war weder krank, noch über irgendeine unerwartete Situation beunruhigt. Es war ein eingespielter Vorgang. Georgie rief sie an, um ihr mitzuteilen, wo er sich befand und mit wem, was er tat und wann er nach Hause kommen würde. Daß er ihr beim Verlassen des Hauses sagte, was er vorhatte, genügte nicht. Sie mußte auf die Minute über alle Bewegungen ihres Sohnes informiert sein. Ich verstand nun auch, warum er mich jeden Morgen kurz vor zehn anrief. Das unvermeidliche Fallen der Münze war der Beweis, daß er mich aus einer Telefonzelle anrief. Irgendwie hatte ich geahnt, daß es besser war, ihn nicht zu Hause anzurufen. Und ich tat es ganz selten.

In jenen Tagen nahm mich Borges mit zu einem Besuch bei seiner Schwester Norah, der Malerin.

Norahs ständiges Motiv waren stilisierte bleiche junge Mädchen mit griechischem Profil vor rosa oder hellblauem Hintergrund, kleinen Balkons und Galerien, Pflanzenkübeln, einigen Blumenvasen. Die Linienführung war klar und akkurat, die Farben matt und verhalten.

Norah war ein reizendes Geschöpf mit einer kindlichen Stimme und großen, graugrünen Augen. Auf ihre Art war sie genauso seltsam wie ihr Bruder, fast wie nicht von dieser Welt. Ihre filigrane Malerei war statisch. Sie suchte nicht nach neuen Ausdrucksformen, sondern war mit dem zufrieden, was sie in ihren ersten Jahren erreicht hatte. Ihr jugendlicher Stil übertrug sich auf ihre erwachsene Phase. Nichts konnte diese absichtlich begrenzte Welt erschüttern.

Kuriose Anekdoten waren über diese ungewöhnliche Frau im Umlauf. Einmal bei einem Abendessen in einer herrschaftlichen Wohnung blickte Norah versonnen auf eine Schüssel mit einem ausgezeichnetem *puchero* (der argentinischen Variante des spanischen *cocido),* auf das gekochte Fleisch, die verschiedenen Würste inmitten von Süßkartoffeln, Mais, Kohl, Kürbis und Kichererbsen, um entzückt auszurufen:»Wie hübsch! Fast wie Abfall!« Eine unerwartete, wenngleich originelle Beschreibung dieses berühmten Gerichts.

Eine andere Anekdote spielt in Mar del Plata, als Victoria Ocampo sich zu einem Strandspaziergang entfernt hatte und plötzlich ein Sturm losbrach. Der Wind blies heftig und die Strandwächter begannen die Zelte abzubauen; alle machten

Victoria Ocampo in Mar del Plata

sich zum Aufbruch fertig. Nur war Victoria noch nicht von ihrem Spaziergang zurück. Jemand schlug Norah vor, auf Victoria zu warten, die gleich kommen mußte. Erschreckt rief Norah: »Laßt mich um Himmelswillen nicht allein mit der Naturgewalt!« Und bis heute hat niemand herausbekommen können, ob sie die entfesselten Elemente oder die Wirkung meinte, die von Victorias Persönlichkeit ausging.

Norah war sehr freundlich mir gegenüber. Sie sagte, sie wolle mich porträtieren, und schon suchte sie Papier und Stifte. Diese einzige Sitzung genügte. Ihre Zeichnung zeigt mich mit einem runden Gesicht (das ich nicht habe) und der Nase von Guillermo de Torre (die ich nicht habe), dafür hatte sie etwas von meiner Bewegung eingefangen, meinen verstohlenen Blick und den Sitz der Haare. Es ähnelte mir nicht, war aber eine hübsche Zeichnung, die Phantasie verriet, eine Phantasie, die eine Richtung einschlug, die mir fremd war.

Während ich Modell saß, kamen ihre Söhne hereingestürmt: reizende, lebhafte Jungen von sieben oder acht Jahren, aufgeweckt und kein bißchen verschüchtert, wie es im allgemeinen verwöhnte Kinder sind, wenn sie versuchen, die Aufmerksamkeit auf sich zu lenken. Ihr Onkel mochte sie sehr.

Borges war ganz entzückt von Norahs Zeichnung; ich merkte, wie stolz er insgeheim auf das Talent seiner Schwester war, und mir wurde klar, daß er sie sehr liebte. Als wir die Wohnung verließen, zeigte sich Georgie zu Vertraulichkeiten aufgelegt und machte einige kritische Bemerkungen über seinen Schwager. Offenbar stießen die avantgardistischen Ideen von Guillermo de Torre in Sachen Kunst und Literatur bei ihm nicht auf Gegenliebe.

Die spanischen Intellektuellen aus Guillermos Generation waren nachhaltig von den ästhetischen Vorstellungen geprägt worden, die Ortega y Gasset in *Musicalia* entwickelt. Seiner sehr »modernen« und »geistesaristokratischen« Konzeption zufolge, ist Beethovens Sechste Symphonie Ausdruck der Sonntagsgefühle eines Kleinbürgers gegenüber der Natur und entspricht dessen schäferlyrischen Schönheitsvorstellungen, während *L'après-midi d'un faune* das Werk eines Künstlers sei und von demjenigen geschätzt werden würde, der über einen vorzüglichen und zeitgemäßen Geschmack verfügt. Trotzdem hatten Ortegas Vorstellungen nicht allzu viele Anhänger. Der große Musikliebhaber Ricardo Baeza bemerkte dazu:»Ortega hatte nie in seinem Leben ein Konzert besucht, aber damals wurde erwartet, daß er auf allen Gebieten das entscheidende Wort sprach. Er schrieb also *Musicalia*... möge Gott es ihm verzeihen! Und seither hat er keine Musik mehr gehört.«

Auf andere Intellektuelle seiner von ihm dominierten Generation machte Ortegas Avantgardismus einen nachhaltigen Eindruck. Guillermo war an allen Ultraismen und Kubismen, an Dalí, an Strawinski und seinen Verdrehungen, am Dadaismus und am Surrealismus brennend interessiert. Nach Ansicht seines Schwagers war das mehr oder weniger alles dummes, eitles Geschwätz.

Er fügte hinzu, daß Norah, die folgsame Norah, früher ein eigenwilliges, ausgelassenes und unternehmungslustiges Mädchen, ein richtiger *tomboy* (»Wildfang« – er benutzte das englische Wort) gewesen sei. Es fiel schwer, ihm zu glauben. Wenn man seine Erziehung zugrunde legte, wie sollte da Norah so ganz anders sein? Es kam ihm nicht in den Sinn, daß Norah mit ihrer Situation völlig zufrieden war und ihr einziger Ehrgeiz darin bestand, eine gute Ehefrau und Mutter zu sein. Für Georgie war Guillermo de Torre daran schuld, der aber möglicherweise nur akzeptierte, wofür Norah sich entschieden hatte.

Borges mit seiner Mutter (vgl. S. 195)

Mutter

»Vida y muerte han faltado a mi vida.«

Borges, Prólogo de *Discusión**

KURZ DARAUF MACHTE ICH die Bekanntschaft von Leonor Acevedo de Borges. Georgie sagte mir eines Tages, ich solle zum Abendessen kommen, um seine Mutter kennenzulernen. Ich weiß nicht mehr, worüber während des Essens gesprochen wurde – wahrscheinlich über Politik, etwas, das uns alle damals sehr beschäftigte –, aber ich erinnere mich an den Eindruck, den die Hausherrin auf mich machte.

Doña Leonor war eine zierliche, gut gekleidete Dame von fast siebzig Jahren, hatte weißes Haar, schwarze, sehr lebhafte Augen und einen aufmerksam prüfenden Blick. Wie ihr Sohn zu jener Zeit besaß sie ein fleischiges Gesicht ohne klare Konturen.

Er sagte »Mutter« zu ihr, wie es in Spanien und in den angelsächsischen Ländern üblich ist, während in Argentinien die Mutter immer mit »mamá« oder mit irgendeinem Kosenamen angeredet wird. Die ungewöhnliche Anrede ließ die zierliche Frau überlebensgroß erscheinen. War das ein Zeichen von Respekt? Oder eine Form von Unterwerfung?

Jedenfalls wurde mir – wie allen Menschen, die Borges nahestanden – der ungeheure Einfluß bewußt, den Doña Leonor auf ihren Sohn ausübte. Einfluß ist zu wenig: In Georgies Leben einzugreifen, es zu steuern, war in ihren Augen das Natürlichste von der Welt, ihr unbestrittenes Recht. Und: Georgie stellte dieses Recht nie in Frage. Nicht einmal nach ihrem Tod, als er sechsundsiebzig Jahre alt war.

---

* »Leben und Tod haben meinem Leben gefehlt.«
J.L. Borges, Vorwort zu *Diskussionen.*

Als Borges 1974 seine *Obras completas* veröffentlichte, widmete er sie seiner Mutter, die schon seit Jahren, seit seiner Erblindung, die Auswahl, Revision und Beschneidung der Textausgabe besorgt hatte. Beispielsweise fehlt in der Ausgabe ein brillanter Artikel aus seiner Zeit bei *Crítica, Unser Unvermögen*, den er selbst unter dem Vorwand aus den *Obras completas* herausgenommen hatte, daß es ein schwacher Text sei.

Tatsächlich handelt es sich um einen sehr starken Text, in dem gewisse argentinische »Charakterschwächen« mit bissigen Kommentaren bedacht werden. Doña Leonor, eine Säule der Achtbarkeit und des Anstands, konnte diese ungehörigen Sticheleien ihres Sohnes nicht tolerieren, und er beugte sich der Konvention.

Wir dürfen ihm das nicht zum Vorwurf machen, gehört doch das Beschönigen zu den charakteristischen Merkmalen der argentinischen Mentalität. Und wo beschönigt wird, fällt natürlich etwas unter den Tisch. Auf jeden Fall zeigt die Widmung der *Obras completas,* daß es sich bei den sonstigen Widmungen verschiedener Gedichte und Erzählungen an Frauen, die er liebte, oder Freunde, die ihm halfen, um Namen von Phantasiegebilden handelte, um substanzlose Gestalten.

Georgie erzählte mir, daß seine Mutter sehr spät noch Englisch gelernt habe, um ihm bei seinen Übersetzungsarbeiten zur Hand zu gehen; und daß, damit nicht genug, Doña Leonor eine aufmerksame und tüchtige Sekretärin war, die ihm die richtigen Schritte auf seiner Laufbahn wies und ihm half, die nötigen Kontakte zu knüpfen. Eine schier übermenschliche Leistung für eine Frau ihres Alters, ihres Standes (der einer gutbürgerlichen Familie in wirtschaftlich bescheidenen Verhältnissen) und ihrer Erziehung.

Ein- oder zweimal hörte ich von Georgie, daß sein Vater Affairen mit anderen Frauen gehabt habe. Leonor Acevedo dachte selbstverständlich nicht im Traum daran, mit gleicher Münze heimzuzahlen, und verwandte – wenn die Behauptung denn stimmt – die Energie all ihrer Frustrationen und ihres verletzten Stolzes auf das, was sie als die Verwirklichung ihres Lebens betrachtete: den literarische Triumph ihres Sohnes. Vieles läßt sich gegen Doña Leonor sagen, aber Borges wäre ohne diese enge Beziehung zu seiner Mutter niemals der Borges geworden, den wir kennen. Was seine literarische Karriere betrifft, spielte sie eine zumeist positive Rolle. Anders verhielt es sich mit ihrem Einfluß auf politischer Ebene und in seinem Liebesleben.

In jener Zeit, als der Machtkampf des Peronismus sich auf seinem Höhepunkt befand, widerfuhr Doña Leonor ein unangenehmer Zwischenfall, den sich ihr Sohn fast vierzig Jahre danach erneut ins Gedächtnis rief:»...Dein tapferes Gefängnis, während soviele von uns Männern schwiegen...«

Diese Begeisterung eines Sohnes für seine Mutter, der er alles verdankte, mag einen falschen Eindruck wecken. Der Leser könnte meinen, daß Doña Leonor eine aktive Rolle in einer antiperonistischen Widerstandsgruppe gespielt hätte. Das war nicht der Fall. Doña Leonor verfocht ihren Antiperonismus beim Kaffeekränzchen im Kreise ihrer Freundinnen. Wie bei den Frauen ihrer Generation nicht anders üblich, besaß sie kein politisches Bewußtsein: Sie haßte Juan und Evita Perón, weil sie sie für vulgäre Emporkömmlinge hielt, die versuchten, eine Ordnung zu untergraben, die unveränderlich sein sollte. Niemals hielt sie Reden vor antiperonistischen Frauenvereinen. Ihr Engagement war häuslicher Natur.

Folgendes hatte sich ereignet: Doña Leonor war in Begleitung ihrer Tochter Norah und einer Freundin, Adela Grondona, auf der Calle Florida unterwegs gewesen, die tagsüber immer voller Menschen ist und in der damals eine angespannte politische Atmosphäre herrschte. Auf einmal geschah es, daß Doña Leonor und ihre Begleiterinnen in Beschimpfungen gegen Perón und Evita, die frischgebackene Gattin des Generals, ausbrachen. Dann begannen sie, die Nationalhymne zu singen. Um die Damen sammelte sich eine Menschenmenge, und die Polizei, die befürchtete, daß es zum Äußersten kommen könnte, verhaftete die drei und brachte sie aufs Kommissariat. Norah Borges und Adela Grondona wurden in das Frauengefängnis Buen Pastor überführt, wo sie für einen Monat eingesperrt wurden und wo Norah sich die Zeit damit vertrieb, Porträts von Verbrecherinnen und Prostituierten anzufertigen, die alle Ähnlichkeit mit Guillermo de Torre besaßen. Gegen Doña Leonor wurde in Anbetracht ihres vorgerückten Alters ein Hausarrest verfügt. Sie durfte das Haus nicht verlassen, konnte aber ihre Freundinnen empfangen. Von ihrer Inhaftierung zeugte nur ein uniformierter Polizist vor dem Haus. Die Anklage gegen die Frauen lautete auf Erregung öffentlichen Ärgernisses.

Borges übertreibt stark, wenn er behauptet, daß die Männer geschwiegen hätten. Die Opposition damals war erbittert, und es gab Menschen, die ihr Engagement erheblich teurer bezahlen mußten als mit einem Hausarrest.

Buenos Aires geriet in einen politischen Fiebertaumel, und das, obwohl der Peronismus weniger eine politische als eine soziale Bewegung war. Die breite Masse, das sogenannte Lumpenproletariat, hatte das Gefühl, daß ihnen die Aktionen des Generals und seiner Leute gerecht wurden. Das von Perón neu aufgebaute Arbeitsministerium hatte der Arbeiterklasse gewisse Zugeständnisse gemacht. Diese waren alles andere als revolutionär; wie schon gesagt: sie gründeten sich auf bestehende Gesetze, die man nur nicht angewendet hatte. Die Mittelklasse jedoch, die von der herrschenden Oberschicht stets kaltgestellt worden war, und verarmte Angehörige besserer Kreise nutzten die Gelegenheit, um mit den Reichen an einem antiperonistischen Strang zu ziehen.

Die Situation war verworren, der Haß aber sehr real. Zu denjenigen, die in den Sog haßerfüllter Gefühle gerieten, gehörte nicht zuletzt Doña Leonor. Alles in ihr war darauf vorbereitet zu hassen, ihr fehlte nur der Anlaß. Ihn fand sie jetzt in den Straßen von Buenos Aires.

Für ihren Sohn wurde das zu einer schweren Belastung. Borges wollte nie die Gründe verstehen, deretwegen das Volk Perón unterstützte. Und diese bewußte Ignoranz brachte ihn viele Jahre später dazu, absurde und belanglose Erklärungen abzugeben, Einstellungen zu vertreten, die ihn als einen Menschen dastehen ließen, dem die einfachsten Gesetze der Menschlichkeit fremd waren.* Seine Äußerungen wurden von der Propaganda der Militärregierungen dankbar aufgegriffen, die sich glücklich schätzten, einen berühmten Schriftsteller zu besitzen, der sie zu unterstützen schien. Vermutlich kostete ihn das den Nobelpreis, da er sich zum Apologeten verbrecherischer Militärs aufschwang, deren einziger Verdienst darin bestand, Antiperonisten zu sein – zumindest bildete er sich das ein. Aber davon waren wir 1945 noch weit entfernt.

Als ich gegen Ende des argentinischen Sommers, im März 1945, aus Mar del Plata zurückkehrte, traf ich mich eines Abends mit Borges. In der Zwischenzeit hatte ich im Haus der Bioys, die mich zu sich eingeladen hatten, mehrere Briefe von ihm erhalten.

Es war die Zeit, wo die Tage in Buenos Aires allmählich kühler werden und eine unterschwellige Feuchtigkeit in der Luft liegt, die in Hals und Nase kriecht; mit der die Trostlosigkeit in den abgelegenen Straßen Einzug hält, wo sich die Laternen an den Ecken in fahles Licht hüllen und sanft im Wind wiegen, Schatten werfen und eine undefinierbare Beklemmung einflößen.

Als wir in Constitución an einer Bäckerei vorbeikamen, stieg uns der Duft von warmem, frisch gebackenem Brot in die Nase. Unterdessen erzählte er mir, daß er eine Erzählung über einen

* Gemeint sind die freundlichen Worte, mit denen Borges Ende der siebziger Jahre das Regime des General Videla bedachte. Dessen Militärputsch hatte 1976 die chaotische Regierung der Perón Witwe Maria Estela, genannt »Isabelita«, beendet. Die anschließende Militärdiktatur war eine der grausamsten in der Geschichte Argentiniens. [A.d.Ü.]

Ort zu schreiben gedächte, der »alle Orte der Welt« einschlösse, und daß er mir die Erzählung widmen wolle. Das war die erste Anspielung auf *Das Aleph*. Ich blieb stehen und atmete den wohltuenden Duft des trockenen Brotes in der feuchten Abendluft. Er schlug vor, ich könne ihm doch bei einer Aufstellung der Dinge zu helfen, die er aufzählen wolle. Das lehnte ich aber ab und ließ mich auch durch seine wiederholten, sogar brieflichen Bitten nicht umstimmen. Ich hatte den Eindruck, daß er mir schmeicheln wollte und eines seiner Mittel anwendete, angehende Schriftstellerinnen an sich zu ziehen. Auf diese Vereinnahmung hatte ich keine Lust. Andererseits getraute ich mich nicht, irgend etwas vorzuschlagen. Jeder hat seine eigene Vorstellung von der Welt, und die meine vertrug sich nicht mit der seinen. Alles, was mir einfiele, würde verändert werden, alle meine Vorschläge wären nutzlos.

Zwei oder drei Tage später kam er morgens mit einem Päckchen bei mir vorbei, das einen Gegenstand enthielt, in dem man, wie er sagte »alle Dinge der Welt« sehen könne. Der Gegenstand nannte sich Aleph. Er sagte nicht, das Aleph sei der erste Buchstabe des hebräischen Alphabeths. Für ihn war es *der* Gegenstand, ein Tor zur Unmöglichkeit.

Bei dem fraglichen Gegenstand handelte es sich um ein Kinderspielzeug – um eines jener Guckrohre, bei denen man durch ein Vergrößerungsglas auf eine Membran schaut, hinter der sich bunte Eisenspäne durcheinanderbewegen. Mit anderen Worten, ein Kaleidoskop. Die Partikelchen bilden beim Drehen geometrische Strukturen und überraschende Farbkombinationen. Georgie freute sich wie ein Kind darüber.

Toño, der vierjährige Sohn unseres Dienstmädchens, sah das Aleph, und in seinen Händen war ihm kein langes Leben beschieden. Das machte aber nichts. Georgie hatte mir bereits gezeigt, daß es ein magischer Gegenstand war – jener erste Buchstabe, der möglicherweise den Namen Gottes enthielt, der möglicherweise eine der Manifestationen Gottes war.

Er schrieb weiter an der Erzählung. Jeden Morgen rief er

Bahnhofshalle von Constitución

mich an und schickte mir Nachrichten und Postkarten, auf denen er mir in überschwenglicher Form ankündigte, daß wir uns am Abend sehen würden.

Wieder verglich er uns mit Dante und Beatrice; wie sie müsse ich ihn vor der Hölle retten, dabei wußte ich nicht einmal, welcher Art diese Hölle war. Wenn er mich in die Arme schloß, konnte ich seine Männlichkeit spüren, aber weiter als bis zu einigen Küssen ging er nie.

Er war in überschwenglicher Stimmung: zitierte Gedichte in englischer und spanischer Sprache, Terzette aus der *Divina Comedia*. Insbesondere erinnere ich mich, wie er am Eingang zur U-Bahnstation Independencia die Verse eines englischen Gedichts rezitierte, die sich auf einen Mann bezogen, »who thought, as his own mother kissed his eyes / Of what her kiss was when his father woed her« (»der, als seine Mutter seine Augen küßte, dachte / wie wohl ihr Kuß war, als sein Vater sie freite«). Fraglos sehr seltsame Verse. Und er sprach sie, als formuliere er eine Frage.

Dann zitierte er noch die geheimnisvollen Verse aus einem Gedicht von Wordsworth über Leda und den Schwan: »...Did she put on his knowledge with his power?« (»Empfing sie mit seiner Stärke auch sein Wissen?«) Viele Jahre später erst dämmerte mir, was er mit diesen Versen auszudrücken versuchte. Offenbar war ich damals für ihn der Nabel der Welt. Er sagte mir, *Das Aleph* wäre der Anfang einer langen Reihe von mir gewidmeten Erzählungen, Essays und Gedichten.

Einmal waren wir abends in Adrogué zum Essen im Hotel Las Delicias. Die Zeit war an ihm nicht spurlos vorübergegangen: Die roten und blauen Romben der Fenster waren durch farbloses Glas ersetzt worden; es fehlten die Farne und die Kübel mit Palmen. Der geräumige, schlecht erleuchtete Speisesaal war nahezu leer. Es gab nur ein Menü, und das Essen war so schlecht, wie es in einer Pension nur sein kann. Aber das war ihm an diesem Abend gleichgültig. Der Chef des Hauses und zwei oder drei Kellner eilten zu seiner Begrüßung herbei. Er

Androgué

wirkte glücklich und ausgelassen in diesem alten Speisesaal,
der seinen einstigen Glanz eingebüßt hatte.

Nach dem Essen machten wir einen Spaziergang durch den
Park, der zum Hotel gehörte und ebenso heruntergekommen
war wie das Gebäude selbst. Er schlug vor, bis Mármol, der
nächsten Bahnstation, zu laufen, die rund zwanzig Häuserblöcke hinter Adrogué lag.

Adrogué war, wie Triste-le-Roy, der Ort, an dem »der letzte
Buchstabe des NAMENS« ausgesprochen worden war. Insofern
ein erschreckender Ort, wie alle heiligen Orte. Ich glaube, daß
er diesen Ort bewußt gewählt hatte.

Es war ein Abend, der einen Rest des beinahe vergangenen
Sommers bewahrte, und wir gingen durch die stillen, finsteren
Straßen der Ortschaft. Es war offensichtlich, daß Georgie mir
etwas sagen wollte. Von Zeit zu Zeit faßte er mich beim Arm, so
als wollte er mich an einen bestimmten Ort führen. Manchmal
ging er einen halben Häuserblock zurück. Und zitierte Verse –
die Passage, in der Beatrice Vergil bittet, Dante auf seinem Weg
durch die Hölle zu begleiten:

»O Mantuanergeist von hohem Preise,
Von dem der Ruhm erschallt im Augenblick
Und schallen wird, solang die Welt im Kreise,
Mein Freund, der nicht zum Freunde das Geschick,
Ist auf dem öden Hange so benommen...«

Nebenbei machte er scherzhafte Bemerkungen darüber, wie Beatrice dem Dichterfürsten um den Bart geht, um ihre Ziele zu erreichen. Zu guter Letzt schlug er vor, zu Fuß nach Adrogué zurückzukehren, statt in Mármol auf den Zug zu warten. Das taten wir dann auch. Wir kamen an einer Stelle vorbei, wo eine jener weißen Zementbänke ohne Rückenlehne stand – alles andere als einladend an kalten Tagen und an warmen ausgesprochen ungemütlich. Borges setzte sich rittlings an das eine Ende – sein weicher, biegsamer Körper schien mir fähig zu den schwierigsten Yogastellungen. Er zog ein Bein an, setzte den Fuß auf die Bank und hielt seinen Knöchel mit beiden Händen umfaßt; einmal mehr fiel mir auf, wie winzig seine Füße waren.

Ich saß derweil am anderen Ende der Bank. Er schaute mich an. Ohne Brille konnte er mich nicht deutlich sehen. Zudem gab es nur das fahle Licht einer Laterne am Ende der Straße.

Plötzlich sagte er mit unsicherer Stimme:

»Estela..., ähm..., würdest du mich heiraten?«

Die Frage überraschte mich. Sie wirkte entschieden so wie der Heiratsantrag in einem Viktorianischen Roman. Ich wußte, daß ich ihm sehr wichtig geworden war, aber nie hätte ich geglaubt, daß er mit dem Gedanken spielte, mich zu heiraten. Bis heute weiß ich nicht, warum ich englisch sprach, als ich halb im Scherz, halb ernsthaft antwortete:

»Ich würde es liebend gerne tun, Georgie. Aber vergiß nicht, ich bin eine Schülerin von Bernard Shaw. Wir können nicht heiraten, ohne vorher miteinander zu schlafen.«

Das Englische, zu dem wir in nicht-alltäglichen Momenten Zuflucht nahmen, milderte offensichtlich nicht den Eindruck, den meine Antwort auf ihn machte. Dabei durfte sie ihn eigentlich nicht überraschen. Er wußte, daß ich keines jener Mädchen war, wie sie seine Schwester Norah malte: zarte Erscheinungen auf hellblauen oder rosafarbenen Balkons. Wir gingen Hand in Hand, küßten und umarmten uns, doch machte er nie Anstalten, weiter zu gehen, nicht einmal, wenn er erregt war – und was seine Erregung betraf, war er ein normaler Mann wie jeder andere. Der sexuelle Kontakt war es, vor dem er zurückschreckte.

Natürlich hätte ich offen und ehrlich sagen müssen: »Georgie, ich liebe dich nicht genug, um dich zu heiraten. Wir können Freunde sein und, wenn du willst, etwas mehr als das«. Unglücklicherweise hatte meine mangelnde Ehrlichkeit eine ernstliche und pathetische Reaktion zur Folge. Ich war bereit, auf das einzugehen, was er wollte, doch (und das wirft einen gewissen Schatten auf meinen Charakter) ich *wußte*, daß weitere Schritte in dieser Richtung von ihm kaum zu erwarten waren. Nicht vorherzusehen vermochte ich die Wirkung meiner Antwort an diesem Abend: Von jenem Moment an bewegte er sich auf unbekanntem Terrain. Er litt furchtbar und ging daraus schließlich als er selbst hervor. Wie Orest bei Racine, überwältigte ihn sein Unglück und verwandelte ihn zuletzt in den triumphierenden Borges, in den Mann, der sein Schicksal erkannte und akzeptierte.

Auf einer mehr alltäglichen Ebene wurde aus mir von jenem Abend an Borges' Verlobte, auch wenn ich selbst mich nie in dieser Rolle sah. Die Vorstellung, im herkömmlichen Sinne des Wortes »verlobt« zu sein, behagte mir nicht. Aber Borges' Leidenschaft und Hingabe schmeichelten mir, und ich ließ ihn gewähren.

In jene Zeit fällt ein Ereignis, das mich endgültig von Leonor Acevedo entfernte.

Die bestehende Ordnung, die äußere Fassade des Landes ging in die Brüche. Die Oligarchie war entschlossen, jenen da-

*Eva Perón spricht am 17.10.1950 vom Balkon des Regierungsgebäudes
zum fünften Jahrestag der Demonstration von 1945*

hergelaufenen Pöbel in die Schranken zu weisen, der ihre Macht bedrohte und sie in Angst und Schrecken versetzte.

Die Konservativen gingen das Wagnis ein, sich gemeinsam mit Radikalen, Sozialisten und Kommunisten zu einer Einheitsfront, der Unión Democrática, zusammenzuschließen. Dieses Bündnis scheiterte, wie solche künstlichen Koalitionen immer gescheitert sind – auf die man sich trotzdem immer wieder einläßt, als wenn die Menschen unfähig oder nicht willens wären, aus Erfahrungen zu lernen. Jedenfalls waren wir, Angehörige der »gebildeten Schichten«, gegen den Peronismus. Einige von uns sahen in ihm eine plumpe, abgeschmackte Fortsetzung des Faschismus; andere eine Gefahr für ihre angestammten Privilegien; dann gab es welche, die sich mit ihrer antiperonistischen Haltung den Reichen andienen und »partizipieren« wollten, und sei es auch nur aus der Ferne. Hinter diesen allen standen die, die im Trüben fischen, die Kommunisten, die auf diese Weise einen neuen Meilenstein in der langen Reihe unsinniger Fehlschläge für sich verbuchen konnten. Wo gerade von den Kommunisten die Rede ist, sei betont, daß Borges, der Antikommunist par excellence, unter ihnen gute Freunde hatte, etwa den uruguayischen Schriftsteller Enrique Amorim. Freilich war Amorim ein wohlhabender Kommunist, der zur Oberschicht seines Landes gehörte, was Doña Leonor vermutlich veranlaßte, vor seinen ungehörigen politischen Ansichten die Augen zu verschließen. Borges schätzte Amorim gleichermaßen als Schriftsteller und Mensch; mehrmals verbrachte er in Begleitung seiner Mutter den Urlaub auf seiner Finca *Las Nubes* am Río Uruguay.

Im Grunde war Borges unpolitisch. Er war gegen den Peronismus, weil ihn dessen vulgäres Geschrei auf die Palme brachte. An das Volk, das von einer eitlen und stupiden Oberschicht mundtot gemacht wurde, dachte er dabei nicht; nie kam ihm der Gedanke, daß dem Volk keine Wahl gelassen wurde, wie es sich hätte Geltung verschaffen können: Da war nur der Peronismus und nichts, was ihn hätte ersetzen können.

Die Unión Democrática hatte für den 19. September 1945 eine Großdemonstration geplant. Der Tag war angenehm warm. Seit dem Morgen trafen die verschiedenen Abordnungen auf der Plaza del Congreso ein. Ich lief in der Gruppe der Schriftsteller. Daneben gab es die Vertreter der Musiker, der Schauspieler, der bildenden Künstler, der Studenten, etc. Bevor wir noch um den großen Platz herumzogen, erschien ganz aufgeregt Enrique Amorim, der zu berichten wußte, daß die ersten Gruppen bereits in Recoleta eintrafen, wo der Demonstrationszug enden sollte. Aber es dauerte noch fast zwei Stunden, bis wir uns in Bewegung setzen konnten. Das war vielversprechend. Die Menschen, die auf der Calle Callao vorrückten, blieben auf dem Weg nach Recoleta immer wieder stecken.

Victoria Ocampo marschierte an der Spitze einer Gruppe von Studenten.

Es war das erste Mal, daß in Buenos Aires die Anwohner Konfetti auf die Demonstranten herabwarfen, wie es in den Vereinigten Staaten üblich ist. María Rosa Oliver, Mitglied der Chefredaktion von *Sur* und nachmalige Gewinnerin des Lenin-Friedenspreises, die den Demonstrationszug von einem Balkon aus mitansah, schilderte ihn mir später in allen Einzelheiten. Ich selbst lief zwischen Eduardo Mallea* und Leónidas Barletta, der sich bald darauf der orthodoxen Linken anschließen sollte. Dieser Barletta wandte sich an die Gruppen junger Kerle, die ärmlich gekleidet auf den Bänken des Platzes herumsaßen oder an den Laternen hingen und mit finsteren, verschlossenen Mienen herübersahen, um ihnen zuzurufen: »Los Jungs! Verstärkt die Reihen der Demokratie!« Worauf der Ausdruck in ihren Gesichtern noch mürrischer wurde.

Es war ein gewaltiger Aufmarsch und eine beeindruckende Demonstration des Argentiniens der Kultur, der bis zu diesem Zeitpunkt repräsentativen Kultur, die das Erscheinungsbild Argentiniens bestimmte, wie es sich in den Augen der Welt dar-

* Eduardo Mallea (1902-1982); Essayist und Romancier

gestellt hatte. Das andere, »wahre« Gesicht sollte sich vierundzwanzig Tage später, am 17. Oktober, zeigen. Und dieses Gesicht war Argentinien künftig zu tragen bestimmt. Als die Maske endlich fiel, kamen dahinter Züge zum Vorschein, die mit dem Argentinien, das man am 19. September 1945 gesehen hatte, keine Ähnlichkeit mehr besaßen.

Unsere Demonstration, die wir für wirkungsvoll hielten und die in Wirklichkeit ins Leere ging, mußte auf Borges' Anwesenheit verzichten. Der einfache Grund war, daß er die Windpocken bekommen hatte, eine Kinderkrankheit, die bei ihm einen gutartigen Verlauf nahm. Ausnahmsweise rief ich ihn an jenem Abend des 19. Septembers an, um ihm vom Erfolg der Demonstration zu berichten. Er war bereits durch seine Mutter, Bioy Casares und Amorim informiert worden. Da er das Haus nicht verlassen durfte, bat er mich, ihn am nächsten Tag zu besuchen. Ich sagte zu.

Nach dem ersten Abendessen bei seiner Mutter hatte ich keine weiteren Einladungen mehr erhalten. Doña Leonor hatte keinerlei Interesse bekundet, mich wiederzusehen, und für mich galt ihr gegenüber das gleiche. Ohne erkennbaren Grund, ohne uns zu sehen, ohne ein einziges Wort gewechselt zu haben, war unsere wechselseitige Abneigung stetig gewachsen. An diesem Tag aber kam ich zum Tee.

Georgie war nicht im Bett, trug aber anstelle seines üblichen Jacketts einen Morgenmantel. Er hatte im Gesicht keine Pocken.

Doña Leonor war zugegen. Das Dienstmädchen brachte den Tee auf einem Tablett, die Herrin des Hauses schenkte ein und blieb bei uns sitzen. Ich hatte erwartet, daß sie sich nach einer Weile zurückziehen würde, da es nichts gab, worüber wir hätten reden können. Ich war darauf eingestellt, den Erfolg der Demonstration, das offensichtliche Scheitern Peróns zu besprechen, aber die Unterhaltung schlug eine andere Richtung ein. Doña Leonor begann von ihren Vorfahren zu sprechen, erwähnte Armeeoberste, die in der Wildnis gegen die Indianer zu Felde gezogen waren, und Polizeikommissare, Söhne und Neffen von Unitariern, die sich gegen Rozas, den »ersten Tyrannen«, aufgelehnt hatten. Sie sagte mir, daß die Bilder von einigen dieser Männer im Historischen Museum des Parque Lezama ausgestellt seien. Ich war damals viel zu schüchtern, um ihr die passende Antwort zu geben, daß sich die meisten alten Familien Argentiniens oder Uruguays mit einem Vorfahren brüsten können, dessen Uniform mit den im Krieg gegen Brasilien erworbenen Tressen in irgendeinem Museum von Montevideo hängt – berühmterer Heldentaten wegen, als es örtliche Scharmützel zwischen rivalisierenden Banden waren. Darunter auch meine Familie, aber das wollte ich ihr nicht sagen. Es erschien mir geschmacklos.

In der heutigen Welt versteht niemand mehr die Haltung eines Swann in *A la recherche du temps perdu,* der aus übermäßigem Feingefühl, aus einer auf die Spitze getriebenen Delikatesse heraus verheimlichte, daß der nicht genauer bezeichnete »Freund«, mit dem er am Abend zuvor gespeist hatte, der Prince of Wales war. Ich glaube, daß Doña Leonor, die doch einer Generation angehörte, die solche Dinge noch verstand, sie eben nicht verstand. Vielleicht hatte sie auch nur beschlossen, darauf keine Rücksicht zu nehmen. Ihr Geltungsbedürfnis war so stark, daß sie ohne Unterlaß und ohne jede Scham ganze Heerscharen ihrer Vorfahren Revue passieren ließ.

So sprachen wir also – oder vielmehr sprach sie – bis zur Erschöpfung von jenen Porträts im Historischen Museum des Parque Lezama. Georgie, der ausgesprochen empfindlich auf jede Art spießigen Verhaltens reagierte, zeigte sich völlig unbeeindruckt. Wenn es um seine Mutter ging, trübte sich seine Wahrnehmung. Es war normal, ja verdienstvoll, daß er seine Mutter liebte und verehrte, aber es ging nicht an, daß er mich zwang, eine Unterhaltung zu ertragen, von der er wußte, daß sie mich nicht interessieren konnte.

Nach über einer Stunde wurde mir klar, daß Doña Leonor nicht die Absicht hatte, sich zurückzuziehen, und daß ich schon ungebührlich lange geblieben war.

Beim Abschied fragte mich Georgie:»Kommst du morgen?«
Ich sagte ja und ging.

Am darauffolgenden Tag zur gleichen Zeit das nämliche
Spiel: Doña Leonor nahm den Faden ihrer Familiengeschichte
wieder auf. Der Tee wurde kalt, und ich merkte, daß ich gehen
sollte. Erneut fragte mich Georgie:»Kommst du morgen?«»Ja«,
antwortete ich.

Doña Leonor stand auf und schüttelte den Kopf.»Nein«,
sagte sie.»Morgen geht es nicht. Ich muß etwas erledigen und
bin außer Haus.«

Erst unten an der Tür zur Straße begriff ich die Bedeutung
ihrer Worte.

Als er mich anrief, schrie ich ihn an:»Was wollte mir deine
Mutter damit sagen? Daß ich dich vergewaltigen werde, wenn
sie nicht da ist? Das ist eine Unverschämtheit, etc. etc.«

Er versuchte mich zu besänftigen, was ihm nicht gelang, und
es vergingen einige Tage, bevor ich ans Telefon ging, wenn er
anrief, und bereit war, ihn zu treffen.

Als er wieder auf den Beinen war, kam er eines Morgens
vorbei. Wie immer verließen wir das Haus und gingen in Richtung Constitución. Wir drehten eine Runde um den Bahnhof,
ohne aber die erste Brücke zu überqueren: das taten wir
grundsätzlich nur nachts; dann hatte die Brücke etwas Mär-
chenhaftes, mit dem Donnern der ein- und ausfahrenden Züge,
dem Labyrinth der Schienen, der Bahnhofshalle, die sich wie
eine hellerleuchtete Höhle öffnete. Tagsüber war der Zauber
verflogen. Wir hatten uns aber auch nichts Entsprechendes zu
sagen.

Er fragte mich, ob ich verärgert wäre. Ich sagte ihm, daß das
Benehmen seiner Mutter beleidigend sei.

Er, den es immer verunsicherte und kopflos machte, wenn
etwas nicht nach Wunsch verlief, antwortete mir mit einiger Be-
stimmtheit, daß ich mich irren würde: Seine Mutter wäre eine
altmodische Frau, überzeugt davon, daß ihre Anwesenheit »um
meinetwillen« erforderlich sei. Zu ihrer Zeit wurde eine junge

Frau nie mit einem Mann alleingelassen, und wäre er auch ihr Verlobter. In diesem Tenor fuhr er fort, indem er versuchte, den Zwischenfall herunterzuspielen. Ich machte ihm die Sache nicht einfach. Seine Mutter wisse ganz genau, daß ich keines Schutzes bedurfte; sie sei darüber informiert, daß wir uns morgens, mittags und abends sähen und tun konnten, wozu wir Lust hätten, daß wir in einem Hotel sein konnten, während er ihr telefonisch mitteilte, wir säßen in einem Café. Das Benehmen von Doña Leonor sei eine absichtliche Beleidigung. Er wurde ziemlich kleinlaut, nicht weil es mir gelungen wäre, ihm meinen Standpunkt verständlich zu machen, sondern weil ich die konventionelle Erklärung nicht akzeptieren mochte, die er sich zurechtgelegt hatte.

Er wollte, daß ich seine Lüge akzeptiere, akzeptieren sollte, daß seine Mutter die Absicht gehabt habe,»meine Ehre« zu schützen oder dergleichen. Wohl fühlte er sich dabei nicht. Im Grunde —und vielleicht nicht nur im Grunde – wußte er, daß ich Recht hatte. Aber nie stellte er das Recht seiner Mutter in Frage, sich in sein Privatleben einzumischen – ob mit oder ohne guten Grund.

Alles ging weiter wie bisher, nur war zwischen uns eine gewisse Mißstimmung eingetreten. Er fühlte sich bedrückt, niedergeschlagen; bei mir hatte das Benehmen seiner Mutter einen moralischen Widerstand auf den Plan gerufen. Ihr Verhalten machte jede Möglichkeit zunichte, daß ich mich ihm stärker hätte annähern können. Es war einigermaßen lächerlich, daß ein Mann von über fünfundvierzig Jahren seiner Mutter über jeden seiner Schritte Rechenschaft geben sollte, und ich ersparte ihm auch nicht die Demütigung, dies offen auszusprechen.

Er widersprach mir nicht, streckte die Waffen und versicherte, daß er wahnsinnig in mich verliebt sei: daß er mit mir eine Familie gründen, Kinder haben wolle, daß er in jenen Tagen, als wir im Streit miteinander lagen, daran gedacht habe, sich umzubringen. Er sprach von der Wohnung einer Freundin mit Balkon im vierten Stock, wo er versucht gewesen sei, sich hinunterzustürzen. Er wisse, sagte er, daß er eines Tages erblinden werde; das sei ihm aber gleichgültig, wenn er nur mich an seiner Seite wüßte. Wieder einmal sah er in mir seine Beatrice. Liebe bedeutete für ihn Erlösung. Gemeinsam könnten wir sehr glücklich sein.

Er rührte mich. Ich glaube, daß Georgie es wirklich ernst meinte. Trotzdem vermute ich, wenn ich gesagt hätte:»In Ordnung, Georgie. Vergessen wir das alles. Laß uns sofort heiraten und dann weitersehen«, daß er für einen Moment der glücklichste Mensch gewesen wäre. Im nächsten Augenblick aber hätte er seine Mutter angerufen und sie um Erlaubnis gebeten, mich heiraten zu dürfen. Wenn ihm die Erlaubnis verweigert worden wäre – was mehr als wahrscheinlich war –, hätte er sich vielleicht vom Balkon gestürzt oder sich in seine sofortige Erblindung ergeben, es aber niemals gewagt, sich dem Willen von Doña Leonor zu widersetzen.

Noch im gleichen Frühjahr ereignete sich ein weiterer Zwischenfall: diesmal kam die Reihe an Borges und mich, verhaftet zu werden. Nur war der Anlaß weniger rühmlich als im Falle der Damen, die ihr Land gegen die peronistischen Horden verteidigten. Nichtsdestoweniger berief sich der Polizeibeamte bei unserer Festnahme auf den nämlichen Tatbestand:»Erregung öffentlichen Ärgernisses«.

An dem fraglichen Abend saßen wir auf einer Bank im Parque Lezama. Wir benahmen uns völlig korrekt. Bestenfalls hielten wir uns an den Händen oder hatte er seinen Arm um mich gelegt. Zu jener Zeit mußten sich in Argentinien die Pärchen äußerste Zurückhaltung auferlegen. Man sprach davon, daß sich im leichtlebigen Paris Liebespaare schamlos in der Öffentlichkeit liebkosten. Auf uns traf das mit Sicherheit nicht zu. Er hätte so etwas nie getan, und auch ich habe für öffentliche Liebesszenen nie etwas übrig gehabt. Liebkosungen auf offener Straße waren in meinen Augen eine Provokation, kein spontaner Liebesbeweis.

Plötzlich erschien vor uns wie aus heiterem Himmel ein Polizist und verlangte in gebieterischem Ton unsere Papiere. Keiner von uns hatte sie bei sich (seit jenen Jahren 1945-46 wurde es Pflicht, in der Öffentlichkeit immer einen Paß oder Personalausweis bei sich zu tragen). Der Polizist nannte unser Benehmen unanständig und nötigte uns, ihn auf das Revier zu begleiten.

Zwischenfälle dieser Art kamen in Buenos Aires häufig vor und ließen sich, wie man wußte, mit einem »Trinkgeld« erledigen. An diese einfache Lösung dachte Borges natürlich nicht: Er hatte keine Ahnung, wie schlecht diese Beamten bezahlt wurden und daß sie sich etwas einfallen lassen mußten, um ihre mageren Löhne aufzubessern. So also folgten wir dem Polizisten auf das 14. Polizeirevier in der Calle Bolívar. Dort mußten wir auf einer Bank im Hof Platz nehmen und auf das Eintreffen des Kommissars warten.

Es vergingen drei oder vier Stunden. Niemand belästigte uns, aber es sprach auch niemand mit uns, und wir konnten nicht fort. Endlich kam jemand und führte uns zu einem Büro, in dem ein weiterer Beamter hinter einem Schreibtisch saß, der uns nach unseren Namen fragte. Der Polizist hatte natürlich nicht die geringste Ahnung, wer Jorge Luis Borges war, von Estela Canto ganz zu schweigen, erwies sich aber als sehr freundlich. Er wies uns darauf hin, daß wir nicht ohne Papiere aus dem Haus gehen dürften. Borges erwähnte den Namen des Verlages Emecé, für den er seit kurzem eine Reihe mit Kriminalromanen betreute. Das zeigte Wirkung. Der Beamte sagte, wir müßten uns in der Öffentlichkeit korrekt verhalten; als wir ihm versicherten, daß wir uns nichts vorzuwerfen hätten, räumte er ein, daß wir vielleicht verhaftet worden seien, weil »gegenwärtig die Verhältnisse Kopf stünden«, und nahm den Polizisten in Schutz, der uns festgenommen hatte, indem er die Schuld auf die politische Situation schob. Es endete damit, daß er uns auf freien Fuß setzte.

Als wir das Revier verließen, war es nach halb vier Uhr morgens. Diesmal hatte Georgie seine Mutter nicht anrufen können, um ihr seinen Aufenthaltsort mitzuteilen. Es war das zweite Mal, daß wir gemeinsam eine Nacht durchwachten. Ein drittes Mal sollte es nicht geben.

Der Zwischenfall verdiente gar nicht erwähnt zu werden, hätte sich nicht durch ihn die Mißstimmung vertieft, zu der Doña Leonor Anlaß gab, als sie uns daran hinderte, für einen Moment in ihrem Haus miteinander allein zu bleiben. Für mich war der Zwischenfall unangenehm, solange er dauerte, aber eher amüsant, als ich ihn später im Freundeskreis erzählte. Er reagierte ganz anders. Vom ersten Moment an bemerkte ich mit Erstaunen, daß Borges sich schämte. Meine Ansicht war immer, daß Beschämung schlechterdings unverzeihlich ist. Nichts vermag zwei Menschen so sehr zu trennen wie sie; nicht allein, daß wir den Menschen hassen, der uns beschämt, der Haß erstreckt sich auch auf die zufälligen Zeugen unserer Beschämung. Erstaunlicherweise sind die Dinge, derer wie uns schämen, nicht für alle die gleichen: Es gibt Frauen, die sich eher umbringen ließen als zuzugeben, von einem Mann in psychischer oder physischer Form mißhandelt zu werden; andere gefallen sich in der Rolle des Opfers. Einige Männer würden nie zugeben können, etwas falsch gemacht zu haben; anderen gilt es als Ehrensache, einen begangenen Fehler einzugestehen.

Für mich war unsere Verhaftung ein absurder, kurioser Zwischenfall, sonst nichts. Für Borges war sie erniedrigend. Ich hätte der Sache auch dann keine Bedeutung beigemessen, wenn die Anschuldigung zutreffend gewesen wäre; sie zeigte nur, daß wir in einem rückständigen Land mit rigiden und verqueren Moralvorstellungen lebten. Georgie aber sah darin eine verdiente Strafe für ungebührliches Verhalten.

Auch ich hatte meinen Sündenbock: Für mich trug Doña Leonor die Schuld am Verhalten ihres Sohnes. Wahrscheinlich hatte sie ihm gesagt, daß, wenn er sich in Begleitung einer ehrbaren Dame befunden hätte, er nicht verhaftet worden wäre. Auf gar keinen Fall getraute er sich, mich in Schutz zu nehmen.

Zumindest an den Abenden kürzten wir unsere gemeinsamen Unternehmungen ab. Selbstverständlich gingen wir noch ins Kino, doch vermied er es jetzt, mich hinterher in ein Café einzuladen. Nach der Vorstellung stiegen wir in die U-Bahn, gingen also nicht mehr zu Fuß; dann begleitete er mich bis zu meiner Wohnung, verabschiedete sich hastig und beeilte sich, die letzte U-Bahn zu bekommen.

Wie tief die Beschämung bei ihm saß, sollte ich bald erkennen, auch daß die Bemerkungen von Doña Leonor Salz in eine schlecht verheilte Wunde streuten. Aber es vergingen einige Monate, bevor ich davon erfuhr.

In jenem Frühjahr erhielt ich den Literaturpreis der Stadt Buenos Aires für meinen Roman *El muro de mármol* (»Die Marmorwand«). Unsere Beziehung war schon nicht mehr wie früher. Vermutlich war ich die ganze Sache etwas leid. Ende November reiste ich nach Uruguay, wo ich drei glückliche Monate verbrachte und einen weiteren Roman schrieb, *El retrato y la imagen* (»Das Abbild und das Ebenbild«). Ich erhielt Briefe von Borges, erinnere mich aber nicht, was ich ihm antwortete, falls ich ihm überhaupt antwortete.

Zwischen Weihnachten und Neujahr kehrte ich für zwei oder drei Tage nach Buenos Aires zurück. Ich ging bei der Tageszeitung *La Nación* vorbei und brachte Eduardo Mallea, dem Herausgeber der Literaturbeilage, eine Erzählung von mir. Mallea ließ seine übliche Zurückhaltung beiseite und beglückwünschte mich zu meiner »Verlobung« mit Borges. Mir war schleierhaft, wie er davon gehört haben konnte. Ich hatte nicht darüber gesprochen. Im übrigen betrachtete ich mich nicht als »Verlobte« von Georgie, sah ihn auch in jenen Tagen nicht.

Es war eine sehr merkwürdige Verlobungszeit.

Im Februar 1946 endeten die Wahlen mit dem Sieg Peróns. Es hatte der Oligarchie nichts genutzt, mit den Radikalen zu koalieren, denen man noch fünfzehn Jahre zuvor die kalte Schulter gezeigt hatte, als der radikale Präsident Irigoyen von General Uriburu gestürzt worden war.

Borges wußte nichts von dem, was ich in Uruguay tat, aber er ahnte etwas und täuschte sich nicht. Ich kehrte in den ersten Apriltagen nach Buenos Aires zurück. Vielleicht empfand er ein vages Schuldgefühl mir gegenüber. Er schien unruhig und besorgt. Meine Mutter erzählte mir, daß er in den letzten zwei Monaten fast jeden Morgen vorbeigekommen sei, um kurz mit ihr zu plaudern und sich immer wieder zu erkundigen, wann ich von meinem langen Urlaub zurückzukehren gedächte. Ich war kaum angekommen, als er anrief und sagte, er müsse mich sofort sehen, er habe mir etwas sehr Wichtiges zu sagen. Wir verabredeten uns für den Abend am Ausgang der U-Bahnstation Constitución, aber schon eine Stunde früher stand er vor meiner Tür.

Diesmal machten wir nicht den üblichen Spaziergang zum Parque Lezama, nach Constitución oder zur Costanera, sondern streiften durch das Viertel, in dem ich wohnte. Wir liefen durch die Straßen Independencia, Tacuarí, Chile, Carlos Calvo, kehrten zur Independencia zurück und betrachteten das Eisengitter vor der Kirche Concepción (ein mittlerweile abgerissenes Gitter, das er in der Erzählung *Der Zahir* erwähnt).

Borges war nervös und zitierte einige seiner Lieblingsgedichte. Schließlich sagte er, daß er mich um etwas bitten wolle, um einen großen Gefallen, etwas nicht Alltägliches, Ungeheuerliches. Ich dachte, er werde mich jetzt, nachdem er ein ganzes Jahr Zeit zum Nachdenken gehabt hatte, bitten, ein körperliches Verhältnis mit ihm einzugehen. Und ich stellte mich darauf ein, meinen Teil der Abmachung zu halten.

Aber seine Bitte betraf etwas anderes. Daß ich meiner Vermutung so leicht Glauben schenkte, zeigt, wie fern ich seinen wirklichen Problemen stand, wie egoistisch und unsensibel ich war. Er erklärte sich, indem er zunächst wiederholte, was er mir in einem seiner leidenschaftlichsten Briefe geschrieben hatte, wo es heißt: »… mir kamen fast die Tränen, als ich gestern einen

Bogen durch den Parque Lezama machte«, und fügte hinzu: »meine Erzählungen hielten mich vielleicht am Leben [...], meine Obsessionen gaben mir den Tod« (S. 124). Er versicherte, mit meiner Hilfe könne er diese Obsessionen überwinden. Er wiederholte, daß er mich liebe und wir sehr glücklich sein könnten. Die »wunderbaren Neuigkeiten«, von denen im Brief die Rede war, bezogen sich auf die Aussicht, mehr Geld zu verdienen, was eine Heirat erleichtert hätte. Er gab mir recht, daß wir zunächst ein Verhältnis miteinander haben müßten, fügte aber hinzu, daß er ein Gefangener »seiner Phantasmen« sei.

Ich wußte nicht, was ich sagen sollte. Ich konnte Borges nicht so lieben, wie er geliebt werden wollte. Und er *mußte* geliebt werden, wie es seiner inneren Natur entsprach. Nach vielen leidvollen Jahren und Schicksalsschlägen sollte er die ihm gemäße Liebe finden: die totale geistige Hingabe. Ich konnte ihm nur meinen Körper geben, aber das war nicht genug, und letzten Endes brachten es die Umstände mit sich, daß nicht einmal mehr das möglich war.

Er sagte, er habe die ganze Zeit an meine Antwort auf seinen Heiratsantrag denken müssen, den er mir auf jener Bank zwischen Mármol und Adrogué gemacht hatte. Seit einigen Monaten schon befände er sich bei einem »Psychologen« – er sagte nicht »Psychoanalytiker« – in Behandlung, bei Doktor Cohen-Miller. Dort hatte bereits der Schriftsteller Manuel Peyrou – ein enger Freund von Borges, der ebenfalls an psychischen Störungen litt – eine Analyse gemacht. Cohen-Miller habe ihn gebeten, mich zu einem Gespräch mit ihm zu bewegen, da meine Anwesenheit im gegenwärtigen Stadium der Analyse erforderlich sei. Borges unterstrich die Wichtigkeit der Sache. Anscheinend war mein Besuch bei seinem Analytiker der »große Gefallen«. Ich sagte, es wäre mir ein Vergnügen, und das stimmte. Es machte mich neugierig und ich wollte Georgie helfen. Ich habe etwas von einem Sherlock Holmes; es reizt mich, die tieferen Beweggründe meiner Mitmenschen zu ergründen. Mich reizt das Abenteuer, und das Ergründen einer menschlichen Seele ist ein großes und gefährliches Abenteuer. Außerdem wollte ich ihm nützlich sein, ihm geben, was ich ihm geben konnte.

Ich wußte – und habe bereits davon gesprochen –, daß die »Initiation« des argentinischen Mannes barbarisch und brutal vonstatten geht; und daß die Gepflogenheiten in diesem militaristischen Land eine Art Militarisierung der Sexualität begründet haben. Mit vierzehn Jahren sollen die Jungen in einem Bordell ihre »Jungfräulichkeit« verlieren; mit dreiundzwanzig heiraten und Kinder zeugen. Systematisch wird ihnen auf diesem Gebiet alle Phantasie und Eigeninitiative ausgetrieben. Der Geschlechtsverkehr – der von den Priestern nicht gänzlich verdammt wird, die in ihm Sünde, aber auch Versuchung sehen – wird von den Militärs seines verwirrenden Nimbus' beraubt, zu einer »hygienischen Notdurft« jedes Mannes gemacht. Und wie man weiß, haben sich in Argentinien die militärischen Lösungen immer durchgesetzt, oft sogar gegen den Widerstand der Kirche.

Diese »Herzensbildung« – die eine Verbildung ist – verursacht natürlich die verschiedensten Traumata und ein gestörtes Verhältnis zwischen Mann und Frau, insbesondere auf sexuellem Gebiet.

Doktor Cohen-Miller war an einem entscheidenden Punkt seiner Analyse angelangt und wünschte meine Mitarbeit. Borges bat darum. Ich glaube, seine Praxis befand sich in der Calle Piedras oder Chacabuco, zwischen der Alsina und der Hipólito Irigoyen. Er zog dann in die Avenida 9 de Julio, wo ich drei Jahre später eine zweite Unterredung mit ihm hatte.

Ich lernte Doktor Cohen-Miller als einen positiv und praktisch denkenden, sehr direkten und vernünftigen Mann kennen. Er war, wie die meisten Juden, intellektuell veranlagt und bewunderte Borges. Er war der Ansicht, daß die argentinische Literatur davon profitieren würde, wenn er Borges half, seiner »Hölle« zu entkommen. Er dachte keinen Moment daran, wie es anderen Analytikern vielleicht in den Sinn gekommen wäre, daß es Borges' Kreativität abträglich sein könnte, wenn er ihn von seinen Obsessionen befreite. Er war im Gegenteil überzeugt, daß Borges' Talent nach Ausdehnung, frischer Luft und Leben verlangte. In seiner Berechnung gab es nur einen Fehler: Weil ich ihn aufsuchte, glaubte er, ich sei an einer Normalisierung meines Verhältnisses zu Borges interessiert. Dieses Mißverständnis hatte Borges selbst verursacht, der meine frivolen Worte auf jener berühmten Bank in den Außenbezirken von Adrogué für bare Münze genommen hatte. Für mich war es ein Abenteuer, das ich mit letzter Konsequenz durchzustehen bereit war, das mich aber im Innersten kalt ließ.

Von Doktor Cohen-Miller erfuhr ich das Folgende:

Borges war alles andere als impotent, aber in physischer Hinsicht das Opfer von Überempfindlichkeit, Schuldgefühlen und Angst vor Sexualität. Seine Überempfindlichkeit könnte mit der Zeit einen normalen Ausdruck finden, wenn sich sein Realitätssinn stabilisierte. Seine Angst würde sich bei einer Heirat verlieren; auch seine Schuldgefühle dürfte sie beträchtlich abschwächen. Um zu einer normalen Beziehung zu finden, wäre es das beste für Borges, er würde heiraten, da der Heirat im Zusammenhang mit seinem Schuldkomplex große Bedeutung zukäme.

Des weiteren erzählte er mir ein peinliches Erlebnis aus Borges' Jugendzeit in Genf: Im Alter von achtzehn oder neunzehn Jahren war Borges ein sensibler junger Mann mit Seh- und Sprachschwierigkeiten. Jorge Borges, dem Georgies Gehemmtheit Sorgen bereitete, fragte seinen Sohn eines Tages, ob er bereits mit einer Frau sexuellen Kontakt gehabt habe. Eine solche Frage war, wie gesagt, zu jener Zeit nichts Ungewöhnliches. Georgie antwortete, daß er noch nie mit einer Frau zusammengewesen sei. Señor Borges war wie viele Argentinier seiner Generation der Ansicht, daß die Sache so früh wie möglich über die Bühne gehen sollte, und sein Sohn war mit seinem Zeitplan in Verzug. Während die Jungfräulichkeit der Mädchen um jeden Preis – ein Preis, der Onanie, lesbische Beziehungen und Analverkehr einschloß – bewahrt werden sollte, mußten die jungen Männer sich der ihren so schnell als möglich entledigen. Georgie hatte das übliche Alter schon um etliche Jahre überschritten.

Borges erklärte seinem Sohn, daß er die Angelegenheit in die Hand nehmen werde. Vielleicht war es das Schreckgespenst der Homosexualität, das ihm durch den Kopf ging, ihn in Panik versetzte und nicht begreifen ließ, daß, was er in diesem Moment beabsichtigte, mehr zur Homo- als zur Heterosexualität tendierte. Es war eine Geste *an die Männer,* sich demonstrativ als einer der Ihren zu beweisen. Keine Geste der Annäherung an die Frauen, sondern ein Kotau vor der maskulinen Welt und ihren Gesetzen. Er dürfte väterliche Strenge gezeigt haben. Wahrscheinlich machte er seinem Sohn den Vorwurf, sich mit seiner »Mannwerdung« zu viel Zeit gelassen zu haben. Cohen-Miller war der Meinung, daß er von seinem Vater unter Druck gesetzt wurde. Den Kopf in den Wolken zu haben, sich für Bücher und die Geheimnisse des Universums zu interessieren – alles gut und schön; vor allem aber hatte ein Mann ein Mann zu sein. Und für Südamerikaner gibt es nur einen Weg, seine Männlichkeit unter Beweis zu stellen. Andererseits – sollte Georgie bis dahin wirklich von dem sozialen Druck unberührt geblieben sein, der von einem jungen Mann verlangte, seine Unschuld in einem Freudenhaus zu verlieren? Hätte ihm seine »Unangepaßtheit« gegenüber der Gesellschaft nicht längst zu schaffen machen müssen? Die tribalen Tropismen der Steppe, in die man »auf diesem trägen und schlammigen Fluß« *(Mythische Gründung von Buenos Aires)* gelangt, setzten sich einmal mehr durch. Was man in Büchern liest, ist eine Sache, die Realität eine andere. Um 1920 gab es Schriftsteller, Bücher, Bewegungen, die sich gegen die tiefsitzenden, irrationalen Wahrheiten der Pampa wandten, doch mußte man ihnen keine Beachtung schenken. Sie waren nur Dekoration, Aushängeschilder für die Kultiviertheit und Weltläufigkeit der Argentinier, aber entsprachen nicht der Wahrheit. Die Wahrheit war die erzwungene Initiation, die mechanischen Bewegungen, die das Männchen auf einem gedungenen Weibchen vollführte, mit innerlichem Groll und Verachtung für die Frau als Frau.

In solcher Gemütsverwirrung befangen, eröffnete Señor Borges seinem Sohn wenige Tage später, daß er für seinen Fall eine Lösung gefunden habe. Er gab ihm eine Adresse, bei der er sich zu einer bestimmten Uhrzeit einfinden sollte. Eine Frau würde dort auf ihn warten.

Georgie machte sich nach seiner Gewohnheit zu Fuß auf den Weg, um die Situation zu überdenken und dann, als sei es das Natürlichste von der Welt, ganz ungezwungen bei der bezeichneten Adresse einzutreffen. Die Vorwürfe seines Vaters bedrückten ihn. Vielleicht regte sich in seinem sonst so fügsamen Wesen dunkel ein Widerstand gegen das, was von ihm verlangt wurde; vielleicht wußte er schon vorher, daß er scheitern würde. Vielleicht war dieses Scheitern seine Form des Protests gegen etwas, das er innerlich zutiefst ablehnte. Ein Gedanke jedenfalls schoß ihm durch den Kopf: Sein Vater hatte ihm befohlen, mit einer Frau zu schlafen, die er, Georgie, nicht kannte. Wenn diese Frau bereit war, mit ihm zu schlafen, dann weil sie schon *zuvor* mit seinem Vater in sexueller Beziehung gestanden hatte. Um einen solch intimen Gefallen bittet man keine Frau, nicht einmal eine Prostituierte, mit der einen nicht eine ebensolche Intimität verbindet. Das war logisch und scharfsinnig gedacht, und selbst wenn es vielleicht nicht zutraf, war es das, was er glaubte. Er war sich in dieser Hinsicht ganz sicher.

Er kam zu dem besagten Haus, trat ein, traf die Frau und es geschah natürlich nichts.

Abgesehen von der Brutalität des Ereignisses, das allein genügt hätte, einen zartfühlenden Jugendlichen impotent zu machen, waren da die Bilder, die in ihm aufstiegen. Die Frau, die sich ihm anbot, war eine Frau, die er mit seinem Vater *teilen* würde. Seine körperliche und seelische Reaktion war nur normal. Dies war sein »südamerikanisches Schicksal« von Scheitern und Tod, wie er es in seinem berühmten *Mutmaßenden*

Gedicht formulieren sollte, zwischen dessen Zeilen eine vielfältige Bedrohung hervorspringt. Es war aber auch, ohne daß es ihm bewußt wurde, ein Aufbegehren, sein »Fehdehandschuh«. Er bewies damit, daß er, Jorge Luis Borges, anders war, daß man bei ihm andere Maßstäbe anlegen mußte.

Dies aber blieb verschüttet in einem stummen Winkel seines Bewußtseins, verborgen im Zentrum des Labyrinths. Was lautstark aus ihm hervorbrach, war das denkbar demütigendste Wort: Impotenz. Obwohl die Theorien und Methoden Freuds zu jener Zeit weit verbreitet waren, zog niemand die rein psychischen Implikationen des Problems in Betracht. Seine Eltern glaubten mit der ihrer materialistischen Generation eigenen Unsensibilität, daß sie es mit einer körperlichen Fehlfunktion zu tun hatten. Die verschiedensten Mittelchen und Medikamente wurden ihm zur Stärkung verabreicht. Er hatte eine schwache Leber... Womöglich war das die Ursache? Also mußte er sich einer Behandlung gegen Leberstörungen unterziehen. Es war eben ein körperlicher Defekt, keine Ohnmacht der Seele.

Die Demütigung wog doppelt schwer. Er hatte den Befehl seines Vaters nicht erfüllen können; er war unfähig, ein Impotenter.

Ich sagte bereits, daß Doktor Cohen-Miller anderer Ansicht war. In der ungeschminkten, direkten Art eines Mediziners in solchen Angelegenheiten sagte er mir: »Ich glaube, wenn wir das hinkriegen – und wenn Sie mitmachen, werden wir das hinkriegen –, werden Sie an ihm als Mann noch lange Freude haben.«

Er hatte Grund, auf seine Fähigkeiten zu vertrauen. Seiner Behandlung war es zu verdanken, daß Georgie etwas für ihn völlig Unerhörtes tat, etwas, das sich noch ein Jahr zuvor keiner seiner Freunde hätte träumen lassen: Er sprach in der Öffentlichkeit.

Um die Wahrheit zu sagen, hatten die Peronisten ihren Anteil am Erfolg von Doktor Cohen-Miller, indem sie Borges seiner bescheidenen Anstellung in der Bibliothek von Boedo enthoben. Das heißt, sie zwangen ihn zur Kündigung, indem sie ihn vom Bibliotheksassistenten zum »Inspektor der städtischen Geflügelmärkte« beförderten. Und das Geld, das er mit seiner Lektorentätigkeit im Verlag Emecé verdiente, reichte nicht aus. Ich muß an dieser Stelle weiter ausholen. Borges glaubte immer, Perón persönlich stünde hinter dieser lächerlichen Ernennung. In Wirklichkeit hatte er damit nichts zu tun. Wahrscheinlich kannte er nicht einmal den Namen Borges, so wenig wie den irgendeines anderen in- oder ausländischen Schriftstellers. Borges verdankte seine Ernennung zum Geflügelinspektor einem der wenigen Intellektuellen der peronistischen Bewegung, der zu Evitas Leuten gehörte und in der Stadtverwaltung großen Einfluß besaß. Dieser Mann wollte sich auf Kosten eines politischen Gegners einen üblen Scherz erlauben.

Ein privates Institut, das Colegio Libre de Estudios Superiores, bot ihm eine Vortragsreihe an. Angespornt von Doktor Cohen-Miller entwarf Borges fünf oder sechs Vorträge, deren Text er auswendig lernte. Er hatte die Angewohnheit, sie beim Spaziergang um den Häuserblock, in dem der Ort der Veranstaltung sich befand – meist sprach er in den Räumen der Sociedad Científica Argentina in der Calle Santa Fe –, seinen Freundinnen vorzutragen.

Der erste Vortrag kostete ihn ungeheure Anstrengung, aber dank der genauen Anweisungen seines Arztes und mit der Hilfe eines Gläschens Pfirsichschnaps – das die uruguayische Dichterin Ema Risso Platero ihm kredenzte und das seine Wirkung auf den Organismus eines völligen Abstinenzlers nicht verfehlte – gelang es ihm, frei zu sprechen, und diese Fähigkeit sollte ihn in den verbleibenden vierzig Jahren seines Lebens nicht mehr verlassen.

Anfangs brauchte er vor jedem Vortrag einen Schnaps; aber sehr bald konnte er auf dessen stimulierende Wirkung verzichten. Wie ich schon sagte, besaßen Drogen und Alkohol keine Macht über ihn. Sein leichtes Stottern, die unsichere Stimme, eine Art vorzutragen, als verhöre er den behandelten Gegenstand, sein unaufdringliches Argumentieren und seine Schüchternheit fanden unerwarteterweise Gefallen. Zur zweiten Veranstaltung kamen bereits doppelt soviele Besucher; ihre Zahl sollte in der Folgezeit stetig zunehmen, und damit auch der Verdienst des Vortragenden, der an den Karteneinnahmen prozentual beteiligt wurde.

Das war der Beginn seiner Popularität, die Geburtsstunde des mythischen Borges, des Redners, Professors und *Maestros*. Urheber dieser Verwandlung war der unbekannte Doktor Cohen-Miller. In Georgies Leben war das ein großer Moment, der erste Glockenschlag seiner Befreiung. Doch es sollte noch lange dauern, bis daraus ein Glockenspiel wurde.

Cohen-Miller war fest davon überzeugt, daß, wenn Borges imstande gewesen war, öffentlich zu sprechen, er auch ein normales Sexualleben führen konnte.»Es würde mich nicht wundern, wenn sich herausstellte, daß er in diesem Punkt mehr zu leisten imstande ist als viele andere Männer«, sagte er beharrlich zu mir. Hinter seiner zur Schau getragenen Konventionalität lastete auf Borges' Leben ein Befehl. Sein Vater hatte ihm befohlen, ein *Mann* zu sein. Zugleich war es eine Notwendigkeit für ihn zu heiraten, um gesellschaftliche Anerkennung zu finden; als verheirateter Mann würde es ihm leichter fallen, sich von seinem Schuldgefühl zu befreien. Ob ich das verstünde? Warum ich ihn denn nicht sofort heiraten und auf einen vorherigen Beweis verzichten wolle? Ich antwortete ihm, daß ich bereit wäre, Georgie zu helfen, soweit es in meiner Macht stünde; eine Heirat aber käme augenblicklich nicht in Frage: Ich könne ihn mir unmöglich als Ehemann vorstellen. Cohen-Miller insistierte nicht länger, meinte aber, ich solle versuchen, ihm Selbstvertrauen zu geben, und nett zu ihm sein. Er glaubte, mit entsprechender Geduld würden sich Georgies sämtliche Obsessionen legen, und er fügte hinzu:»Denken Sie an Ihr Vaterland und an die argentinische Literatur. Ich versichere Ihnen, Sie werden es nicht bereuen.«

Während dieser langen Unterredung erwähnte Cohen-Miller mit keinem Wort Georgies enge Bindung an Doña Leonor. Er ahnte vielleicht etwas von dem gespannten Verhältnis, das bereits zwischen ihr und mir bestand, und wollte nicht Öl ins Feuer gießen. Wahrscheinlich dachte er auch, daß, wenn es Borges gelang, sein Leben in den Griff zu bekommen, der erdrückende Einfluß seiner Mutter sich von selbst verlieren und er sich nicht länger wie ein in seiner Entwicklung zurückgebliebenes Kind benehmen würde.

Ich glaube, daß Cohen-Miller mit seiner Diagnose richtig lag. Viele Jahre später erfuhr ich von Borges, daß er mit ein oder zwei Frauen ein sexuelles Verhältnis gehabt habe. Ich sehe keinen Grund, an seinen Worten zu zweifeln. Trotzdem er in einem Brief von seinem »wiedergewonnenen Elan« sprach, reichte dieser Elan nicht aus, um in meinem Fall das Eis zu brechen. Zumal ich es nicht gewohnt war und es auch nie nötig hatte, in dieser Hinsicht die Initiative zu ergreifen.

Seine Gehemmtheit ist leicht nachvollziehbar. Er wollte meine *Liebe*. Ich konnte sie ihm nicht geben. Wir befanden uns in einer Sackgasse, da er unter keinen Umständen bereit war, mit weniger vorlieb zu nehmen.

Unterdessen gab es einige Veränderungen in meinem Leben. Ich lernte einen anderen Mann kennen. Für einen Zeitraum von drei Jahren kehrte ich Freunden und Familie den Rücken. Ich war nicht sehr nett zu Borges. Seine Verzweiflung ging mir zu Herzen, aber es ließ sich nicht ändern: Ich war wie von Sinnen. Es war eine sehr negative Erfahrung, die mir bewußt machte, daß es im Leben anders zuging, als ich es mir vorgestellt hatte.

Als ich drei Jahre später wieder Verbindung zu meinem alten Freundeskreis aufnahm, bat mich Borges, mich noch einmal mit Cohen-Miller zu treffen. Aber etwas zwischen uns war zerbrochen. Er hatte kein Vertrauen mehr zu mir, nicht einmal als Freundin. Auf der anderen Seite war seine Mutter in diesen drei Jahren nicht untätig geblieben.

Eins muß klar gesagt werden: Nicht Doña Leonor hat ihren

Sohn »entmannt«. Das war das Werk seines Vaters. Doch nutzte sie seine Ohnmacht, um ihn menschlich zur tragischen Gestalt werden zu lassen. Alles in allem aber wäre er nie der Jorge Luis Borges geworden, wie die Welt ihn kennt, ohne die Härte und Grausamkeit, die völlige Hingabe und Aufmerksamkeit, den unbezwingbaren Machthunger seiner Mutter.

Mar del Plata

Briefe von Borges

I

Heute, Freitag der 18.

Liebe Estela:

Ich weiß nicht, wann Du diese Zeilen lesen wirst, und ob Du hier oder in Uruguay bist. Ich glaube, mein gegenwärtiger Aufenthalt in Adrogué wird für dieses Jahr mein einziger Urlaub sein. (Gerade fällen sie hier die Eukalyptusbäume, um eine Schule zu bauen.) Die Arbeit wächst mir über den Kopf: Ein Vorwort zu den *Exemplarischen Novellen*, eins zu *Paradise Lost*, ein weiteres zu einem Buch von Emerson, eine Erzählung für eine von mir herausgegebene Anthologie, die Elisabeth Wrede illustrieren wird, die (nominelle) Lektüre von vier Werken für den *Premio Nacional de Filosofía* und einer Reihe von Theaterstükken im Rahmen eines Wettbewerbs, die Abfassung unzähliger Ankündigungen, Umschlag- und Klappentexte.

Noch nie, Estela, habe ich mich Dir so nah gefühlt; unaufhörlich stehst Du mir vor Augen, aber immer mit dem Rücken zu mir oder im Profil. Außer den Bioys treffe ich niemanden. Ich wünsche Dir viel Glück,

Georgie.

Ich habe ein Zehntellos für uns beide, eine kuriose Verfielfältigung der Ungewißheit.

Vom ersten Moment an – dieser Brief dürfte von Dezember 1944 sein – war Borges daran gelegen, mich an seinem Leben, seinen Kümmernissen und seiner Arbeit teilhaben zu lassen. Nur: Warum sieht er mich immer von hinten oder im Profil?

II

Sonntag, drei Uhr.

Liebe, ferne, unverzichtbare Estela:

Ich habe in *Las Nubes* kein anderes Briefpapier gefunden als
dieses Blatt mit einem Wappen von Denver, wo (wie mich Enrique Amorim aufklärte, der von Zeit zu Zeit deinen Namen oder
die Namen Durante und Avellanal fallen läßt, um meine Reaktion zu testen) Buffalo Bill geboren wurde. Wir fuhren im
Dampfer bis Concepción; von dort im Zug über Ebenen roter
Erde, mit Pferden und hohen Palmen; von Concordia in einem
kleineren Schiff nach Salto. Undeutlich sah ich einige Häuser,
unvermittelt ausgelöscht von fast unerträglichen Erinnerungen
an einen Winkel deines Lächelns, an den Tonfall Deiner
Stimme, wenn Du *Georgie* sagst, an eine Straßenecke in Lomas
oder La Plata, an die Speisekarten in der Bar in Constitución, an
meine Uhr in deiner Handtasche, an Deine Finger, wie sie Papier zerreißen. Wenn ich denke, daß wir uns in einer Woche
(vielleicht schon früher) wiedersehen, kann ich mein Glück
kaum fassen; wenn ich denke, wieviele Tage ich noch warten
muß, kommt mir das unerträglich vor. Heute morgen (bin ich
nicht haushälterisch?) las ich in einem Park vor einem Puma-
käfig Deine lieben Zeilen; bei meiner Rückkehr kannst Du sie
mich abfragen – und ich Dich die erste Strophe von *Sudden
Light*. (Sag Adolfito, daß ich ein Exemplar von *Los tres gauchos
orientales* von Antonio Lussich aufgetrieben habe, von dem man
sagt, er habe einen Leuchtturm errichtet, um im passenden Moment das Licht zu löschen und die Schiffbrüchigen auszuplün-
dern.) Mein Herz: Du weißt, wie sehr ich Dich unablässig liebe
und brauche.

Georgie.

Wir werden vom Sommer regelrecht belagert.

Ich komme Donnerstag zurück. Grüße von allen an alle.

*»Durante« und »Avellanal«, auf die Amorim anspielt, sind Nachna-
men der Familie meiner Mutter, die in jener Gegend irgendwann*

einmal Land besessen hat. Ich glaube, ich steckte Georgies Uhr in
die Handtasche, um sie zur Reparatur zu bringen. Es war schon
immer eine Manie von mir, Papiere, Filmprogramme oder Hand-
zettel, wie sie auf der Straße verteilt werden, zu zerreißen. Selt-
sam, daß sich Georgies Zärtlichkeit an diese Eigenheit geklam-
mert hat.

III

[Undatiert]

75 Seiten Korrekturfahnen (die ich um 10 Seiten kürzen und um
eine noch gar nicht existierende Seite erweitern muß) vergällen
mir Schönschrift und Satzbau. Liebe Estela: Deine Briefe haben
mich sehr bewegt; ich wäre so gern bei Dir, wüßte Dich so gern
an meiner Seite. Der großen kleinen Welt geht es (drucktech-
nisch) gut: Irgendwann im Laufe dieses Jahres wird das Buch
über Quevedo erscheinen; *Der Monddiamant*, hat man mir versichert, müßte an einem der nächsten Tage erscheinen. Ich
rechne fest mit Deinen Beiträgen. Regniev geht nach Europa:
Das bedeutet, daß es für mich bei *Los Anales* leichter wird.
Wann kommst Du? Ich umarme Dich.

Georgie.

Borges war damals im Verlag Emecé gemeinsam mit Bioy Casa-
res Herausgeber einer Kriminalromanreihe – in diesem Kontext
steht die Anspielung auf den Monddiamant *(The Moonstone) von*
Wilkie Collins. Überdies hatte er gerade die Leitung der Literatur-
zeitschrift Los Anales de Buenos Aires *übernommen, der – wie*
allen Zeitschriften dieses Genres mit Ausnahme von Sur – ein kur-
zes Leben beschieden war. Für sie waren die Beiträge bestimmt,
um die er mich gebeten hatte.

Trotz seiner Klagen und der Anspielung auf Regniev (ein Mit-
arbeiter bei Los Anales, an den ich mich nicht erinnern kann),
glaube ich, daß er glücklich war, soviel zu arbeiten. Das gab ihm
Selbstbestätigung, und in gewisser Weise wollte er mir diese auf-
keimende Selbstsicherheit mitteilen.

IV

Donnerstag, der 28.

Liebe Estela:

Dein Brief, der ganz ähnlich ist wie Deine Stimme, hat mir großes Vergnügen gemacht. Ich bin mit im weitesten Sinne literarischen Arbeiten überhäuft: Puerta de Márfil, Séptimo Circulo* (diese Aufzählung ist reichlich poetisch, läßt aber im weiteren Verlauf stark nach) und werde jetzt auch noch *Los Anales de Buenos Aires* leiten. Heute morgen traf ich mich in Constitución mit Patricio, der mir einige Beiträge versprach. Ich hoffe doch, daß auch Du uns Deine Mitarbeit nicht versagen wirst? Eine gute Zeitschrift aufzubauen, ist eine interessante Aufgabe, aber unendlich mühselig in diesem philisterhaften Buenos Aires. Meine Tätigkeit macht mich ärgerlich. Ehre, wem Ehre gebührt: Jemand, dessen Namen Du erraten wirst, sprach letztens von Dir und daß Du unbedingt für einen städtischen Literaturpreis ausersehen seist.

Ich versuche zu schreiben, mit sehr mäßigem Erfolg.

In den U-Bahnstationen macht sich gegenwärtig ein Bild von Dorothy Lamour anheischig, Dir ähnlich zu sehen. Sehr unlebendig, aber der Deine,

Jorge Luis Borges.

Ich glaube, dies ist das erste und einzige Mal, daß Georgie einen Brief an mich mit seinem vollständigen Namen unterschreibt. Patricio ist mein Bruder – ich habe schon an anderer Stelle von ihm gesprochen; er war Mitarbeiter bei Sur *und arbeitete auch für* Los Anales. *(Ich erhielt in jenem Jahr den Literaturpreis der Stadt Buenos Aires für meinen Roman* El muro de mármol); *wahrscheinlich war es der Dichter Francisco Luis Bernárdez, Mitglied der Jury, der Borges auf mich ansprach.*

---

* Namen der im Kommentar zum letzten Brief erwähnten Krimi-Reihen, die Borges und Bioy Casares bei Emecé herausgaben. [A.d.Ü.]

V

[Undatiert]

Liebe Estela:

Während des abendlichen Essens und Arbeitens bei Bioy hatte ich
ich die ganze Zeit Dein Bild vor Augen. Bei meiner Rückkehr lag
auf dem Tisch Dein Brief. Deine Besprechung von *Twelve against
the Gods* ist, wenngleich ungerecht, sehr gut; sie wird in der fünften Nummer von *Los Anales* erscheinen (die vierte ist, mit zwei
Beiträgen von Patricio, gestern erschienen). Ich schrieb, *druck-
technisch* gehe es mir gut, weil ich abgesehen von diesem adver-
bialen Kontext sehr niedergeschlagen bin. (Eine Erkältung und
zwei öde Tage im Bett haben das Ihre dazu beigetragen.) Hoffentlich kommst Du bald zurück, Estela. Peyrou und Ayala waren ge-
bührend beeindruckt von Deinem Beitrag über Kessel*. Sogar der
Füller, mit dem ich schreibe, taugt nichts. Ich liebe Dich sehr,

Georgie.

*Über diesen Brief braucht man kaum Worte zu verlieren: Er be-
stätigt die vorhergehenden und zeigt Georgies Anfälligkeit für Zu-
stände tiefer Niedergeschlagenheit, die ihm so viele seelische Ver-
letzungen beibrachten.*

VI

Montag, der 5.

I miss you unceasingly (ich vermisse Dich unablässig). Die gemeinsame Entdeckung einer Stadt hätte, wie Du richtig sagst,
etwas Magisches. Zum Glück läuft eine andere Stadt uns nicht
weg: unser grenzenloses, veränderliches, unbekanntes und
unerschöpfliches Buenos Aires. (Die vielleicht getreueste Beschreibung von Buenos Aires gibt, ohne es zu wissen, De Quincey in einem *The Nation of London* überschriebenen Text.)

---

* Möglicherweise: Joseph Kessel, geb. in Argentinien 10.2.1898, gest.
Frankreich 23.7.1979, frz. Schriftsteller russischer Herkunft. Aben-
teuer- und Reisebücher, moderne Gesellschafts- und Familienromane
(u.a. *La belle de jour*). [A.d.Ü.]

121

Hinzu kommt, daß, als wir Adrogué entdeckten, wir in Wirklichkeit uns selbst entdeckten; das Entdecken von Straßen, Villen und Plätzen war eine gewissermaßen illustrierende Metapher, eine kleine Parallelaktion.

Ich habe mich noch gar nicht für das Vergnügen bedankt, das mir Dein Brief bereitet hat. Diese Woche werde ich den Entwurf der Geschichte abschließen, die ich Dir gerne widmen würde: die von einem Ort (in der Calle Brasil), der alle Orte der Welt in sich vereinigt. Ich habe noch einen anderen halb magischen Gegenstand für Dich, eine Art Kaleidoskop.

Grüße an die Bioys und an Wilcock. Ich wünsche Dir eine glückliche Zeit in Mar del Plata, und (Du wirst einwenden, das widerspreche sich) daß Du bald zurückkehrst.

Yours, ever,

Georgie.

Wegen der Anspielung auf meinen Aufenthalt in Mar del Plata, läßt sich der Brief auf Februar 1945 datieren. Er hatte bereits mit der Niederschrift des Aleph *begonnen und erwähnt jenes andere* Aleph *oder Kaleidoskop, das Toño kaputtmachen sollte, wie ich schon erzählt habe. (Meine Abreise nach Mar del Plata unterbrach unsere Spaziergänge von Ende Dezember und Januar.)*

VII

Montag, der neunzehnte.

Liebe Estela:

Riesigen Dank für Deinen Brief. Die Erzählung von dem Ort, der alle Orte ist, schreitet Nachmittag für Nachmittag voran, doch ihrem Ende nähert sie sich nicht, weil sie sich verzweigt wie die Spur der Schildkröte. (Eines Abends haben wir davon gesprochen; es ist ja eines meiner zwei oder drei fixen Themen.) Es wäre mir sehr lieb, wenn Du mir bei einer detaillierten Darstellung helfen würdest, ohne die es nicht geht, auf die ich aber nicht komme. Vierzehn Seiten habe ich mit meiner Zwergenschrift bereits vollgeschrieben.

Ich weiß nicht, was mit Buenos Aires los ist. Es hat nichts Besseres zu tun, als unablässig auf Dich anzuspielen. Corrientes, Lavalle, San Telmo, der Eingang zur U-Bahn (wo ich hoffentlich eines schönen Nachmittags auf Dein Kommen hoffe; wo, zurückhaltender sei es gesagt, ich hoffentlich hoffen darf, auf Dich zu hoffen) erinnern an Dich mit besonderer Hingabe. Von Sábato ist in *Contrapunto* ein sehr wohlmeinender und scharfsinniger Artikel über die Erzählung *Der Tod und der Kompaß* erschienen, die Dir einmal gut gefallen hat. Er hat ihn *Die Geometrisierung des Romans* genannt. Ich glaube nicht, daß er Recht hat.

Woran schreibst Du, was planst Du, Estela? Der Deine in Ungeduld und Liebe,

Georgie.

Neben den Anspielungen auf Das Aleph *finden sich hier einige Hinweise darauf, wie Borges – im Unterschied zu Sábato, der die in jener Zeit vorherrschende Meinung vertrat – von seinem Werk dachte. Borges sah seine Texte nie als mehr oder weniger spitzfindige geometrische Konstruktionen.* Sie waren es nicht. *Sie waren im Gegenteil lebendige Bruchstücke seiner Seele, Zeichen, die er uns gab, damit wir ihn verstehen sollten. Seine Schamhaftigkeit schmückte sie aus und verrätselte sie: Er hielt sich eine Maske vor, in der Hoffnung, der eine oder andere werde bemerken, daß sich dahinter ein Gesicht wahren menschlichen Leidens verbarg, was ganz sicher nicht dem Eindruck entsprach, den man damals in Buenos Aires hatte. Und es ist mitnichten überflüssig, daran mit allem Nachdruck zu erinnern. Borges gestattete sich lediglich die Bemerkung:* »Ich glaube nicht, daß er Recht hat«, *und nimmt damit Sábatos scharfsinniger Kommentierung den Wind aus den Segeln.*

VIII

Adrogué, Samstag

Trotzdem ich Dich zwei Abende und einen mühseligen Tag lang nicht gesehen habe (mir kamen fast die Tränen, als ich gestern einen Bogen durch den Parque Lezama machte), bin ich, während ich Dir dies schreibe, recht vergnügt. Ich sagte Deiner Mamá, daß ich wunderbare Neuigkeiten habe; sie sind es für mich, hoffe aber, sie möchten es auch für Dich sein. Montag erzähle ich Dir, und dann sollst Du sehen. Bei dem Gedanken daran, empfinde ich so etwas wie Glück. Dann wird mir klar, daß alles Glück illusorisch ist, solange Du nicht bei mir bist. Liebe Estela: Bis zum heutigen Tag habe ich Phantasmen hervorgebracht; die einen, meine Erzählungen, hielten mich vielleicht am Leben; andere, meine Obsessionen, gaben mir den Tod. Letztere werde ich überwinden, wenn Du mir hilfst. Du wirst über meinen emphatischen Ton lächeln. Aber ich denke, ich ringe um meine Ehre, um mein Leben und (was mehr zählt) um die Liebe von Estela Canto. Der Deine mit immergleicher Inbrunst und einem erstaunten Elan,

Georgie.

Dieser Brief bedarf keiner Kommentare, die sich nicht schon im Verlauf meiner Erzählung finden. Wenn er von »guten Nachrichten« spricht, glaube ich, wie gesagt, daß er sich auf die Aussicht bezieht, mehr Geld zu verdienen. Meines Erachtens ist dieser Brief von zentraler Bedeutung.

IX

Donnerstag, gegen fünf Uhr.

Ich bin in Buenos Aires, werde Dich heut abend sehen, werde Dich morgen sehen, weiß, daß wir zusammen glücklich sein werden (glücklich und im Fluß und manchmal sprachlos und herrlich albern), und fühle doch schon den körperlichen Schmerz, von Dir fortgerissen, durch Flüsse, Städte, buschiges Grasland, Umstände, Tage und Nächte getrennt zu sein.

Dies sollen die letzten Zeilen in diesem Ton sein, die ich mir durchgehen lasse, das verspreche ich; ich werde mich nicht länger in Selbstmitleid verlieren. Liebes: ich liebe Dich, wünsche Dir alles erdenkliche Glück; eine unabsehbare Zukunft buntdurchwirkten, engmaschigen Glücks liegt vor uns. Ich schreibe

wie irgendein grauenhafter Prosadichter und wage es nicht, diese erbärmliche Postkarte noch einmal durchzulesen. Estela, Estela Canto, wenn Du dies liest, beende ich gerade die Erzählung, die ich Dir versprochen habe – die erste in einer langen Reihe. Der Deine,
Georgie.

Auch dieser Brief erübrigt jeden Kommentar. Niemals zeigte sich Borges selbstbewußter, wenngleich er dann doch zweifelt und für einen Moment in seine »Obsessionen« zurückfällt.

X

[Undatiert]
Santiago besitzt einen ganz eigenen Beigeschmack, einen traurigen, sehnsüchtigen Beigeschmack. Das Land ist gelb. Der Boden ist meist sandig, das Grün im Grunde grau. Es gibt einige zierliche alte Häuser von großer Schönheit und Vornehmheit. Ich vermisse Dich ständig. Gestern hielt ich einen Vortrag über Henry James und Wells und Coleridges dream-flower*. Heute, Donnerstag, spreche ich über die Kabbala, morgen über Martín Fierro, und dann fahren wir nach Tucumán. Dein auf ewig, Estela.
Georgie.

In Augenblicken freudiger Erregung oder großen Schmerzes schrieb Borges auf englisch. Auch das ein Mittel, seine Begeisterung, seine Gefühle zu verbergen, eine Spielart seiner Schamhaftigkeit.

Dieser Brief fällt in die zweite Phase unserer Beziehung – nach meiner Unterredung mit Doktor Cohen-Miller, als Borges bereits frei reden konnte.

---

* In seinem Essay *Coleridges Blume (Inquisitionen)* schreibt Borges: »Der erste Text ist eine Notiz von Coleridge; ich weiß nicht, ob er sie Ende des 18. oder Anfang des 19. Jahrhunderts niedergeschrieben hat. Sie lautet wörtlich: »Wenn ein Mensch im Traum das Paradies durchwanderte, und man gäbe ihm eine Blume als Beweis, daß er dort war, und er fände beim Aufwachen diese Blume in seiner Hand – was dann?« [A.d.Ü.]

Wer behauptet, Borges besäße kein Gespür für die Natur, dem dürfte diese in wenige Zeilen gefaßte Beschreibung von Santiago del Estero zu denken geben.

XI

[Undatiert]

Ich wollte mich unendlich bedanken für das Geschenk von letzter Nacht. Ich schlief gestern Nacht mit dem Gedanken ein, Du habest mich angerufen, und heute morgen war es das erste, was mir beim Erwachen durch den Kopf ging. (Muß ich wiederholen, daß ich Dir meine Abreise aus Buenos Aires nur aus Höflichkeit oder Furcht nicht mitgeteilt habe, aus der traurigen Überzeugung, für Dich im Grunde nicht mehr zu sein als eine Last oder lästige Pflicht?)

Es gibt Formen des Schicksals, die sich wiederholen, es gibt *circling patterns*; gerade ergibt sich diese: Ich bin erneut in Mar del Plata und sehne mich nach Dir. Aber diesmal weiß ich, daß in der Zukunft – naher oder nächster Zukunft? – die Nacht oder Morgenstunde wartet, die voll und ganz uns gehört. Liebste Estela...

Alles Liebe von den Bioys und Grüße an Deine Mamá. Vergiß mich nicht allzu lange,

Georgie.

Borges' Aufenthalt in Mar del Plata vermag ich zeitlich nicht genau einzuordnen, wo er diesen Ort doch immer so gemieden hat. Möglich, daß ihn eine gemeinsame Arbeit mit Adolfito Bioy dorthin rief. Dann begegnen wir in dem Brief dieser merkwürdigen »Heimlichtuerei« – abzureisen, ohne mir Bescheid zu sagen, »aus Angst, eine Last oder lästige Pflicht zu sein«. (Ich könnte mir denken, daß seine Mutter an dieser Reise nicht ganz unbeteiligt war; seine Widerstände – die sich in Form von Ängsten, Zaghaftigkeit, Schuldgefühlen etc. äußerten – traten auf, wenn sie ihren Willen behauptete. Aber auch das ist wieder eine reine Vermutung.)

XII
[Undatiert]
Dearest:
Schon ist Mar del Plata Adrogué oder Buenos Aires, schon ge-
mahnt alles an Dich. (Sicher, dieses Schicksal teilen alle meine
Aufenthaltsorte.) Ich arbeite regelmäßig mit Adolfito, und jeden
Nachmittag denken wir uns eine neue Filmszene aus oder
bauen sie in das Drehbuch ein. All das erledige ich mit einem
äußeren Teil der Seele, der trivial und effizient arbeitet; immer
erinnert sich tief in mir etwas an Dich.
Silvina und ich reden ständig von Dir. Sie hat ein ausgezeich-
netes Porträt von mir gemacht, das meinen Band mit Erzählungen zieren (?) soll; es läßt ahnen, daß ich an Dich denke. Ich
habe ein wenig Deine Augen. Wann wirst Du es zu sehen bekommen? Deine Briefe haben mich sehr bewegt. (Ich maße mir
diesen Plural an, weil Silvina mir ihren Brief von Dir gezeigt
hat.) So Gott will, sprechen wir uns morgen. Ich umarme Dich,
Estela, und bin ungeduldig der Deine,
　　Georgie.

Offensichtlich machte er die Reise, um mit Adolfito zu arbeiten,
und Silvinas taktvolle und zartfühlende Art dämpfte seine Schuld-
gefühle. Auch von mir machte sie wenig später ein großartiges
Porträt, auf dem ich ein Buch von Borges in der Hand und an die
Brust gedrückt halte.

XIII
Mittwoch, der vierte.
Meine angebetete Estela:
Ich bin, *hateful to myself*, die Nachmittage und Morgende nicht
wert, nicht die unvergleichlichen Tage, die ich mit Dir verbracht
habe, nicht die wunderschönen Orte meiner Umgebung (Uruguay, El Hervidero*, Pflugscharen und ein Mann zu Pferd, die

* Ein Landgut alten Stils an den östlichen Ufern des Río Uruguay, wo
E.C.s Großvater Land besessen hatte (cf. im Original p. 236). [A.d.Ü.]

127

Herrenhäuser) und verbringe die Tage in Schmerz und Ungewißheit. Ich habe nicht eine Zeile von Dir erhalten. Ich male mir
irgendeinen unwahrscheinlichen postalischen Zwischenfall aus;
ich weiß nicht, in welchem Ton ich Dir schreiben soll, *weiß
nicht, wer ich jetzt für Dich bin.* Vergeblich suche ich Deine Zärtlichkeit und Gunst gestern mit Deinem Schweigen heute in Ein-
klang zu bringen. Ich bitte Dich nicht um Erklärungen, nur um
ein Zeichen, daß ich für Dich noch irgendwie existiere. Freitag
werde ich in Buenos Aires sein. Muß ich Dir wiederholen, daß
ich Dich liebe und daß wir sehr glücklich sein können? Estela,
so darfst Du mich nicht verlassen.
Der Deine, schrecklich allein,
Georgie.
Deine Erzählung habe ich schlecht und recht abgeschlossen.

Der Tenor dieses Briefes, den er von Las Nubes *aus, dem Anwesen
von Enrique Amorim am Rio Uruguay, schrieb, kündigt bereits
an, was bald zu seiner fixen Idee werden sollte: die Vorstellung,
daß ich ihn* verlassen *würde. Ich liebte ihn nicht, was nicht das-
selbe ist, doch in keinem Moment dachte ich daran, meinen geliebten Freund Borges zu »verlassen«. Georgie verbrachte mit seiner
Mutter den Urlaub im Hause Amorim, dessen Frau Ester Haedo
mit Doña Leonor entfernt verwandt war.*

XIV
Wednesday morning
Liebe Estela:
Es gibt keinen Grund, warum wir nicht Freunde bleiben sollten.
Ich verdanke Dir die besten und die vielleicht schlimmsten
Stunden meines Lebens, und das ist ein Band, das sich nicht zer-
stören läßt. Und überdies liebe ich Dich sehr. Was das übrige be-
trifft… Du sagst immer wieder, daß ich auf Dich zählen kann. Ist
es Deine Liebe, die Dich so sprechen läßt, wäre es viel. Tust Du
es aber aus Höflichkeit oder Mitleid, *I can't decently accept it.
Loving or even saving a human being is a full time job and it can*

128

hardly, I think, be successfully undertaken at odd moments. Doch wozu um Vorwürfe feilschen, die Handelsware der Hölle sind? Oh Estela, ich möchte bei Dir sein, möchte still und leise bei Dir sein. Du kommst doch hoffentlich heute nach Constitución? Georgie.

Das ist Georgies letzter Brief. Wir wurden vom Schicksal getrennt, von äußeren Umständen, Menschen, Dingen. Aber auf die eine oder andere Weise blieben wir Freunde bis zuletzt.

Schlüssel und Anekdoten

»Bei einem tiefgründigen Schriftsteller sind alle seine
Werke Bekenntnisse.«
G.B. Shaw, *Sechzehn selbstbiographische Skizzen.*

»... die Taten sind unser Sinnbild«.
J.L. Borges, *Biographie von Tadeo Isidoro Cruz.*

WENN BERNARD SHAW recht hat, müssen wir uns Aufschluß
über Borges in seinen literarischen Texten holen. Wenn Borges
recht hat, müssen wir uns anhand seiner Handlungen zu Lebzeiten – die kindischsten eingeschlossen – Aufschluß über den
Menschen verschaffen, der er war.

Borges war ein widersprüchlicher Charakter. Man verglei-
che nur die resignativen Jugendgedichte mit den bissigen Arti-
keln, die er in den dreißiger Jahren in *El Hogar, Crítica* und anderen Zeitschriften veröffentlichte. In diesem Jahrzehnt entlud
sich seine agressive Polemik ohne ersichtlichen Grund gegen
Personen und geistige Strömungen, die ein gewisses Maß an
Aufmerksamkeit erlangt hatten.

Das gibt uns Veranlassung, die Themen und wiederkeh-
renden Situationen seiner literarischen Texte zu analysieren.
Ireneo Funes, das »unerbittliche Gedächtnis«, »Meisterdetektiv«
Isidro Parodi und der Protagonist aus *Die Inschrift des Gottes*
haben gemeinsam, daß sie durch außere Umstände ihrer Bewegungsfreiheit beraubt sind. Gelähmt ans Feldbett gefesselt,
inhaftiert in einer städtischen Strafanstalt oder in einem mexi-
kanischen Kerker, ergründen sie die Geheimnisse der Welt, lösen verwickelte Kriminalfälle oder entziffern im Fell einer
Raubkatze die göttliche Botschaft. *Mutmaßendes Gedicht* und
Biographie von Tadeo Isidoro Cruz kreisen um den Moment der
Erleuchtung, in dem die letztgültige Realität jedes einzelnen

zutage tritt. Eine Realität, die Narciso de Laprida, einen Mann »kanonischen Rechts und weltlicher Gesetze«, seinem tödlichen Schicksal zutreibt, und dem »Polypen« Cruz, den sein Schicksal nicht zum Jäger der Banditen, sondern zu ihrem Bruder bestimmt hatte, eine unerwartet heroische Geste entlockt. Die thematische Nähe von *Der Zahir* und *Das Aleph* ist unübersehbar durch den magischen Gegenstand gegeben. *Der Tod und der Kompaß* und *Das Aleph* kulminieren beide in der Begegnung mit dem Unsagbaren, dem Namen Gottes.

In *Two English Poems* (1934), die in den *Obras Completas* eine Widmung an Beatriz Bibiloni Webster de Bullrich tragen, schreibt Borges:

»I offer you the loyalty of a man who has never been loyal (...)
*I am trying to bribe you with uncertainty, with danger, with defeat.«**

Eine Passage aus den *Two English Poems* übernimmt Borges in die Widmung der *Universalgeschichte der Niedertracht* an »S.D.«** Er sagte mir, daß auch die BBB gewidmeten Gedichte eigentlich SD zugedacht waren, daß aber die Umstände es ratsam erscheinen ließen, dies zu verheimlichen.

Eine offensichtliche Ähnlichkeit besteht zwischen diesen Zeilen und einer Stelle in *Candida* von Bernard Shaw, wo Eugene Marchbanks seiner Angebeteten »my weakness, my desolation, my heart's need« (»meine Schwäche, meine Trostlosigkeit, meines Herzens Not«) zu Füßen legt. Borges sucht dieses Bekenntnis in eine Art literarisches Spiel zu verwandeln und benutzt darum das Englische. Darin wird eine gezinkte Karte

---

* »Ich biete Dir die Treue eines Mannes, der nie treu gewesen ist (...) Ich versuche Dich mit Unsicherheit zu bestechen, mit Gefahr und Niederlage.«

** »I offer you [in der Widmung: her] that kernel of myself that I have saved, somehow – the central heart that deals not in words, traffics not with dreams and is untouched by time, by joy, by adversities.« (»Ich biete dir jenen Kern von mir, den ich irgendwie bewahrt habe – das zentrale Herz, das nicht mit Wörtern handelt, nicht mit Träumen schachert und unberührt ist von Zeit, von Freude, von Feindseligkeit.«) [A.d.Ü.]

aufgedeckt: Ein Leben lang »bestach« Borges »mit Unsicherheit, mit Gefahr und Niederlage«. Auch die Treulosigkeit lockte ihn: »Ich biete Dir die Treue eines Mannes, der nie treu gewesen ist«. Im labyrinthischen Innern seiner Gefühlswelt wußte er sich unfähig zu loyalem Verhalten, trotzdem sein ganzes Wesen dahin drängte und er tatsächlich gegen Ende seines Lebens sich selber treu war. In den dreißiger Jahren jedoch trieb er solche Taschenspielereien.

Die in den dreißiger Jahren veröffentlichten Artikel enthalten einige bissige Bemerkungen zur Psychoanalyse. Sein Spott ist wie bei allem, was er schrieb, geschliffen scharf, doch die kritische Versiertheit bemäntelt in diesem Fall menschliche Hilflosigkeit. Er wirft der Analyse vor, durch Aufklärung zu einer Verarmung der Wirklichkeit beizutragen (und als Schriftsteller hat er recht). Doch war dieser Schriftsteller andererseits ein fehlbarer Mensch, der genaue Aufklärung fürchtete. Etwa um 1946/47, als er mit unserer Beziehung seine Schwierigkeiten hatte, begab er sich erneut in analytische Behandlung. Ihr verdankte er bereits den ersten Schritt auf dem Weg zur Popularität, mit dem ein erster Lichtstrahl in sein Gefängnis fiel: Er hielt sich für unfähig, öffentlich zu sprechen, und spottete über sein eigenes Stottern, wenn jemand ihm diese Möglichkeit nahelegte. Dennoch tat der therapeutische Erfolg seiner intellektuellen Verachtung keinen Abbruch. Er hat sie nie revidiert. Seine Heilung war für ihn nicht weniger beschämend als seine Krankheit und blieb, wie unser Aufenthalt auf dem 14. Polizeirevier, in der Rumpelkammer unliebsamer Erinnerungen begraben.

Eifersucht, Angst und Scham – die drei Gefühle, denen sich die Hölle verdankt – waren fest in ihm verankert; nicht nur, daß er selbst sie empfand, er flößte sie auch anderen ein. Er war ein gefesselter Mensch, und das übertrug er auf andere. Allerdings wurde er mit zunehmendem Erfolg milder gestimmt. Und seine Umgänglichkeit in den letzten Jahren ließ viele glauben, sie besäßen die »Exklusivrechte« an Borges und der Meister gehöre ihnen allein. Das führte zu Verstimmungen, Neid und kindischer Eifersucht – denen er immer neuen Auftrieb gab. Er schien sich ganz auf seinen jeweiligen Gesprächspartner einzulassen, mit ihm in allem einer Meinung zu sein.

Ich will ein Beispiel erzählen.

Im Winter 1983 bat mich Gabriela Vergara, Leiterin des gleichnamigen Verlages, in dem die spanische Ausgabe von Oriana Fallacis Roman *Un Huomo* erschienen war, ich möchte doch ein Treffen der berühmten Schriftstellerin und linken Journalistin mit JLB arrangieren.

Sich mit Borges zu treffen, war das Einfachste von der Welt. Oriana Fallaci hätte ihn nur anzurufen brauchen. Doch irgendwie hatten die Leute, mit denen sie in Buenos Aires zu tun hatte, sie in den Glauben versetzt, daß es nahezu unmöglich sei, Borges zu sehen, auch wenn Oriana ihn nicht »interviewen«, sondern nur »mit ihm plaudern« wollte, wie sie sagte.

Gabriela Vergara rief mich um elf Uhr morgens an. Daraufhin telephonierte ich mit Borges. Er sagte, er freue sich, diese berühmte Frau kennenzulernen, und erwarte uns für den Nachmittag um zwei Uhr.

Oriana hatte eben ein Interview mit dem argentinischen Präsidenten General Leopoldo Galtieri geführt. Sie und Borges stimmten in allen Punkten überein, nicht allein, was Galtieri und die Militärregime in Südamerika betraf, sondern auch hinsichtlich der Ähnlichkeit zwischen den Verhältnissen in Argentinien und Griechenland.

Das Gespräch, das über weite Strecken in englischer Sprache geführt wurde, wechselte zwischenzeitlich ins Italienische, das Borges gut verstand, selbst aber nur radebrechte. Der unvermeidliche Dante wurde zitiert, und Oriana verließ das Haus in der festen Überzeugung, sich mit Borges in allem völlig einig gewesen zu sein. In seinen letzten Jahren äußerte er sich häufig abfällig über die Militärs, aber nur privat. Niemals nahm er in unmißverständlicher und grundsätzlicher Form öffentlich ge-

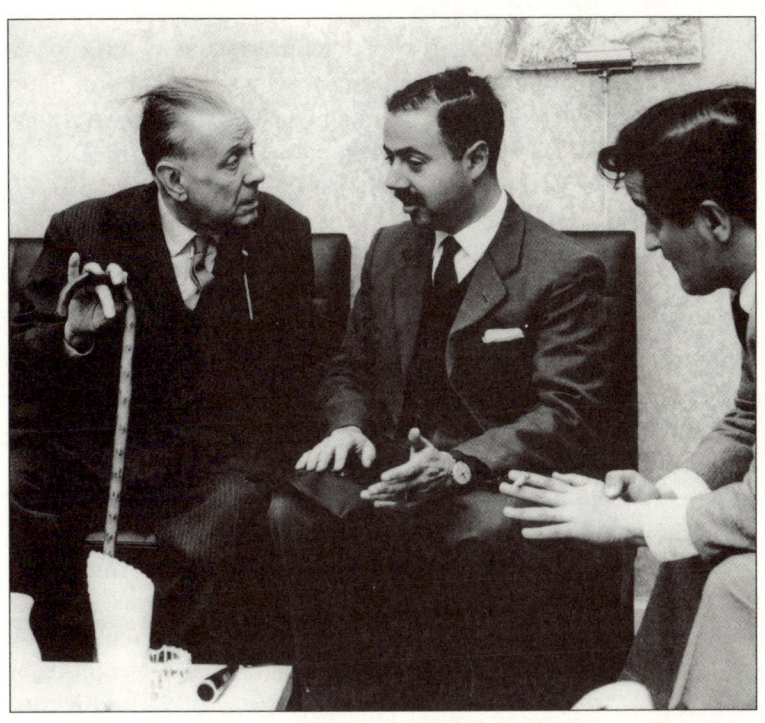

gen sie Stellung, nachdem er sie im ersten Moment leichtferti-
gerweise begrüßt hatte – aus keinem anderen Grund, als weil er
sie für antiperonistisch hielt. Das Mindeste, was sich zu dieser
Einstellung sagen läßt, ist, daß sie von Unüberlegtheit und Un-
reife zeugt.

Die Verzauberung, die Borges – wie einige charismatische
Politiker – auf seine Zuhörer ausübte, veranlaßte etliche ihm
nahestehende Menschen, auf die »Abtrünnigkeit« dieses Aus-
nahmemenschen mit Verbitterung zu reagieren. Er akzeptierte
diese Haltung bei seinen Freunden und ließ gelegentlich wieder
sein altes Unvermögen erkennen, öffentlich zu sprechen, als
wenn ihn diese Gehemmtheit jeden Moment erneut befallen
könnte. Es schien, als wollte er sich für seinen Erfolg entschuldigen und etwaige Eifersüchteleien beschwichtigen.

Bei seinen ersten Vorträgen war der Eindruck seiner Hilflosigkeit überdeutlich. Obwohl er damals noch lesen konnte, hatte er nie irgendwelche Aufzeichnungen bei sich. Er hätte sonst das Papier allzu dicht vor das Gesicht halten müssen, und dabei wäre die Kommunikation mit den Zuhörern abgerissen, die von einem offenkundigen Fehlen jeglichen Kontakts abhing, davon, daß er »ganz versunken und über den Dingen zu schweben« schien. Nie ist ein Mensch mehr mit sich allein gewesen, der sich gleichzeitig der geselligsten und alltäglichsten Literatentätigkeit widmete: dem öffentlichen Vortrag. Diese Isolation, dieses Vereinzelungsgefühl vor all den Leuten, verlieh allem, was er sagte, etwas Befremdliches – eine eigentümliche Qualität, die sich noch verstärkte, wenn er englisch oder italienisch redete, da fremde Sprachen doch ein Stück »andere Welt« sind, Welt der Phantasie, uns um so näher, je weiter entfernt. Seine Vorträge vertraten keine Meinungen oder Überzeugungen; er stellte lediglich dar und hinterfragte in behutsamer Art das Warum seines Schicksals, eines Standpunkts. Sprach Borges also über Heraklit oder Lawrence of Arabia, sprach er über sich selbst.

Bioy Casares und Manuel Peyrou, seine engsten Freunde, waren bei keinem der Vorträge zugegen. Ein stillschweigender Ausdruck von Mißbilligung? Vielleicht. Möglich aber auch, daß ihnen der Trubel im Umfeld dieser Veranstaltungen nicht behagte.

Trotz seines Erfolgs und der größeren Unbeschwertheit, zu der ihm das bißchen mehr Geld verhalf, kam Borges jedesmal, wenn er ein paar Freundinnen einlud, nach vorn und bezahlte die Karten. Nie wäre es ihm eingefallen, daß er jemandem freien Eintritt hätte verschaffen können. (Man darf nicht vergessen, daß diese Vorträge Lehrveranstaltungen, Seminare waren.)

Einmal sollte er einen Vortrag über Lawrence of Arabia halten, zu dem er möglicherweise durch Doña Leonor angeregt worden war, und da Victoria Ocampo eine glühende Verehrerin von T. E. Lawrence war, hatte Doña Leonor sie eingeladen. Ort der Veranstaltung war die Sociedad Científica Argentina. Kurz vor Beginn erschien Victoria wie gewöhnlich mit einem Gefolge von diesmal sieben Personen: José Bianco, Chefredakteur von *Sur*; Sofía Alvarez, Victorias Privatsekretärin; Ricardo Baeza, spanischer Schriftsteller und Ex-Botschafter; María Rosa Oliver, im Rollstuhl, mit ihrer Gesellschaftsdame Pepa und Ralph Siegmann, einem befreundeten jungen Deutschen. Den Schluß des Zuges bildete der damals noch ganz junge Enrique Pezzoni. Victoria grüßte niemanden, nicht einmal Borges, der schüchtern an der Kartenausgabe wartete, und betrat mit ihrem Hofstaat den Raum, während die Saaldiener ehrerbietig zurücktraten und ich die Gelegenheit nutzte, mich ihrem Gefolge anzuschließen.

Hinterher sprach ich mit Borges darüber. Ich sagte ihm, es wäre Unsinn, für seine Freunde den Eintritt zu zahlen; er hätte das Recht, uns freien Eintritt zu verschaffen, wie Victoria es vorgemacht habe. Georgie schien verärgert und antwortete mir, als ich nicht locker ließ:»Nun ... das ist typisch Victoria. Wahrscheinlich habe ich deshalb immer ein ungutes Gefühl ihr gegenüber gehabt.«

Und er bezahlte auch weiterhin für seine Freundinnen.

Plaza de la Republica

Das Unerbittliche Gedächtnis

ICH HABE DIE ERZÄHLUNG *Das Unerbittliche Gedächtnis* –
die Borges schrieb, bevor wir uns kannten – für eine genauere
Betrachtung ausgewählt, denn wenn der Satz von Bernard
Shaw zutrifft, ist Funes ein »Bekenntnis«, Sinnbild für eine bestimmte Form der Selbstwahrnehmung Ende der dreißiger
Jahre, und Hinweis darauf, was er vom Schicksal erwartete
oder vielmehr nicht erwartete.

Die Erzählung beruht wahrscheinlich auf einer wirklichen
Begebenheit. Ireneo Funes, dessen Geschichte auf die Zeit vor
1889 zurückgeht, ist ein Indianerjunge aus Fray Bentos, am östlichen Ufer des Río Uruguay, der über ein sagenhaftes Gedächtnis verfügt und seinen Stolz darein setzt, Personen, denen er
einmal begegnet ist, mit ihrem vollständigen Namen zu begrüßen, und der ohne einen Blick zum Himmel immer die ex-
akte Uhrzeit anzugeben weiß. Von der Geschichte dieses jungen
Gauchos erfuhr Borges möglicherweise durch Ester Haedo, der
Frau von Enrique Amorim.

Funes ist achtzehn Jahre alt. Mit neunzehn fällt er vom Pferd
und ist fortan gelähmt; an sein Bett gefesselt aber gelingt ihm
die Erschaffung eines Kosmos. Er schult seinen Geist, forscht,
intuiert, deduziert; die gesamte Welt, die er nie zu Gesicht bekommen wird, zieht in unerschöpflichen, leuchtenden Bildern
vor dem inneren Auge des jungen Burschen vorbei, der ausge-
streckt auf einem Feldbett in einer Farm in Fray Bentos liegt.
Nach Ablauf von zwei Jahren – in denen er das Universum er-
forscht, an seine Geheimnisse gerührt und die ahnungsvolle
Einsicht gewonnen hat, daß wohl in dieser geistigen Welter-

kenntnis alles für uns nur erreichbare Glück beschlossen liegt – stirbt Funes.

Zwei Dinge an dieser Erzählung sind bemerkenswert. Erstens fällt auf, daß Ireneo Funes weder ein Messerheld ist, noch ein Gesetzloser, Deserteur, Mörder oder Pferdedieb, wie alle anderen Personen der unteren Schichten, die bei Borges vorkommen. Funes ist Landarbeiter.

Auffällig ist zweitens ein gewisses Mitgefühl, das der Autor ungewollt in die Erzählung einfließen läßt. In all seinen Texten ist Borges gewissenhaft darauf bedacht – fast wirkt es wie eine Obsession –, Mitgefühl zu vermeiden. »Weder Sentimentalität, noch Angst« sind in seiner Literatur zu Hause.

Der einsame, gelähmte und in seine Visionen versunkene Funes ähnelt dem vortragenden Borges, der wie mit sich selbst vor seinen Zuhörern sprach, die er als eine undeutliche, aufnahmebereite Wolke wahrnahm. Borges, der in seinen Anfangsjahren als Vortragsredner sein Sehvermögen noch nicht völlig eingebüßt hatte, betrat vorausschauenden Auges die Welt derer, die nicht sehen. Daher vielleicht diese ungewöhnliche Anteilnahme für Funes, dieses Selbstmitleid, dem er sich sonst nie überließ. Und Borges wurde nicht durch das verstanden, was er sagte, sondern durch das, was er darstellte. Das Publikum war fasziniert von ihm, und diese Faszination sollte sich später im Ausland wiederholen.

Die Leute sahen ihn nicht als großen Schriftsteller und außergewöhnlichen Menschen, sie begegneten ihm mit Ehrfurcht wie einem Erleuchteten. Hier wurde eine gewissermaßen religiöse Situation wieder lebendig, das alte, vergessene Gefühl zwischen dem Barden und seiner Zuhörerschaft. Die Leute gingen nicht zu einem Vortrag, sie gingen zur Messe.

Im übrigen ist zu sagen, daß seine Blindheit ihn nie völliger Finsternis aussetzte. Viele Jahre später sagte er mir einmal, er lebe in einer Welt weißer, manchmal leuchtend heller Wolken; vielleicht identifizierte er diesen Glanz mit seinem Ruhm. Er, der sonst nichts gewinnbringend zu nutzen verstand, wußte seine Blindheit – wie Funes seine Lähmung – für sich fruchtbar zu machen. In diesem Zusammenhang muß ich auf einige Episoden aus der Anfangszeit seiner Erblindung zu sprechen kommen. (Er selbst hielt sich damit nur ungern auf.) Richtig ist, daß seine Erblindung schon sehr früh eingesetzt hatte, daß ihm aber die Krankheit gewissermaßen einen Aufschub gewährte. Zwischen Ende der dreißiger und Ende der vierziger Jahre, kann man sagen, sah Borges verhältnismäßig gut.

Anfang der fünfziger Jahre saßen wir eines Abends in einem Restaurant in Constitución beim Essen – unsere »Liebesbeziehung« war bereits in ihr Endstadium getreten, doch die entsprechenden Gewohnheiten behielten wir bei –, als er glaubte, eine Netzhautablösung bei sich festzustellen. Ich erschrak und fragte ihn, wie er darauf komme, was die Symptome seien. Er sagte, er könne in diesem Moment nurmehr die untere Hälfte meines Gesichts sehen; der Rest sei wie von einer schwarzen Binde verdeckt.

Er hatte sich nicht geirrt. Die Ärzte entschieden, daß er so schnell wie möglich operiert werden müsse. Meine Mutter fragte Doña Leonor am Telefon, ob der Arzt, der die Operation vornehmen sollte, ausreichend kompetent sei, was diese mit dem Hinweis bejahte, jener Augenarzt habe Georgie bereits vor fünfzehn Jahren operiert und davor auch schon ihren Gatten. Er sei ein sehr erfahrener Mann.

Mit Blick auf das Resultat im Fall von Borges' Vater, der blind gestorben war, riet ihr meine Mutter, Georgie von einem jüngeren, vielleicht ausländischen Spezialisten untersuchen zu lassen. Doña Leonor wiederholte, alles sei bestens und es gäbe nichts zu befürchten.

Als Borges das Sanatorium verließ, hatte das operierte Auge sein Sehvermögen vollends eingebüßt. Mit diesem Auge, sagte er mir, sehe er lediglich eine rötliche Wolke.

Bei einem Besuch in meiner Wohnung schlug er mir vor, eine Probe zu machen: Ich sollte ein sehr helle Lampe einschalten, sein gesundes Auge verdecken und ihn mehrmals in der Wohnung herumführen, um ihm die Orientierung zu nehmen. Dann wollte er anhand des Lichtscheins die Lampe ausfindig machen. Er fand sie nicht. Mehr noch: Er irrte sich vollständig. Aber das schien ihn im Augenblick nicht zu beunruhigen. »Ich komme mit dem übrigen Auge ganz gut zurecht«, meinte er und berichtete ein schauriges Erlebnis: Als man ihn bei lokaler Betäubung operierte, habe er das Geräusch des schneidenden Skalpells gehört. »Es knirschte wie Seidenpapier, als würde man Seidenpapier schneiden.« Er betonte, daß ihm der Besuch beim Zahnarzt weit mehr Angst gemacht habe. Viele wunderten sich über seinen Mut; für ihn war Mut etwas anderes.

Dieser nach außen hin so sanftmütige Mensch war, was Mut betraf, Opfer einer Fixierung, obwohl er den wirklichen Mut – in diesem Fall seinen eigenen – nicht bewunderte. Mut beeindruckte ihn an den Messerstechern, den »Gesetzlosen«. Von Kind auf hatte er Verbrechen mit Mut verwechselt, und diese kindliche Einbildung war nie korrigiert worden.

1955 mußte er sich erneut wegen Netzhautablösung operieren lassen, diesmal an dem anderen, dem gesunden Auge. Fortan sah er nur Farben und verschwommene Formen; bei den Farben unterschied er orange, gelb und rot. Bis 1961/62 konnte er immerhin, wenn er angestrengt grimassierte (was auf zahlreichen Photographien festgehalten wurde), für wenige Sekunden einige Gesichter erkennen. In einem dieser »lichten« Momente prägte er sich die asiatischen Züge einer jungen Frau ein, die an seinen Vorlesungen am Philosophischen Institut teilnahm.

Als er nach dem Sturz Peróns 1955 zum Direktor der Nationalbibliothek ernannt wurde, konnte man ihn auf seinem Weg von der Calle México zum Eingang der U-Bahnstation Independencia beobachten, wie er sich mit einem Stock vorantastete und an den Straßenecken jedesmal stehenblieb, bis jemand ihm auf die andere Seite half. Er war schon damals sehr berühmt, aber im allgemeinen erkannten ihn die Passanten nicht. Häufig sah man ihn die Stufen zur U-Bahnstation Esmeralda y Lavalle hinabsteigen und dabei mit dem Stock die Wand entlangtappen. Lange weigerte er sich, im Auto gefahren zu werden. Er wechselte virtuos zwischen den verschiedenen Ebenen der U-Bahn-linien und kannte sich mit den Verbindungen bestens aus. Er hörte erst auf, sie zu benutzen, als seine Erblindung nahezu vollständig war und sein wachsender Ruhm es ihm beschwerlich werden ließ, sich wie ein gewöhnlicher Passant auf der Straße zu bewegen.

Man hätte meinen können, daß die Blindheit das *huis clos* seiner Existenz noch verstärkte. Merkwürdigerweise trug sie zu seiner Befreiung bei. Er verwandelte sich in den Blinden Barden, eine in der ganzen Stadt verehrte Persönlichkeit. In jenen Jahren wurde er ständig zu Podiumsdiskussionen und Fernsehinterviews geladen. Davon zog er sich bald wieder zurück und sagte mir, er habe beschlossen, so wenig wie möglich an derartigen Talk Shows teilzunehmen. Er war der Meinung (und täuschte sich nicht), daß sein Name benutzt wurde, um mittelmäßige Sendungen aufzuwerten. Er nannte verschiedene Programmdirektoren und Journalisten, darunter einige renommierte Namen, die ihm den Eindruck vermittelt hatten, »von ihm profitieren zu wollen«.

Die Vortragsveranstaltungen veränderten Borges' Leben von Grund auf und brachten ihn mit anderen Kreisen und Gruppen in Berührung.

Eine jener skurrilen Gestalten, von denen Borges sich zeitlebens angezogen fühlte, war der Maler Xul Solar, Erfinder einer Art Schachspiel in vier Farben, die – wie in der »Geschichte des Jungen Königs der Schwarzen Inseln« aus *Tausendundeine Nacht* – verschiedene Gesellschaftsschichten darstellten. Die Erinnerung an diese Erzählung mag Borges' Sympathie für Xul beeinflußt haben (erinnern wir uns, daß der junge König von der Hüfte abwärts in schwarzen Marmor verwandelt wurde). Xul Solar hatte auch eine Kurzsprache erfunden, in der bestimmte Silben ausgespart wurden, um beim Sprechen Zeit zu sparen.

Einmal nahm er mich mit zu Xul Solar. Der Hausflur hing voller Vorhänge aus Sackleinwand, die sich als eine Art Labyrinth dem Besucher in den Weg stellten. Ich war ehrlich beeindruckt und versuchte etwas von der Atmosphäre dieser Wohnung und Xul Solars Erfindungen in meinem Roman *La hora detenida* (»Die angehaltene Zeit«) wiederzugeben.

Wie ich schon sagte, machte es sich Borges zur Gewohnheit, nach den Vorträgen mit einigen seiner anhänglichsten Freundinnen auswärts essen zu gehen. Der Kreis seiner Favoritinnen bestand aus der Princesse de Faucigny-Lucinge, Ema Risso Platero, Delfina Mitre, die er die »praktische Mystikerin« nannte, und mir selbst. Borges besaß eine besondere Schwäche für die Fürstin, und ich glaube, daß ich mit ihrer Erwähnung einen Menschen dem Vergessen entreiße, der auf seine Art für ihn wichtig gewesen ist.

María Lidia Lloveras, Princesse de Faucigny-Lucinge, war eine eher kleine, inzwischen etwas füllige Frau von etwa fünfzig Jahren mit rötlich gefärbtem Haar. In ihrer Jugend war sie für ihre roten Haare berühmt gewesen. Man nannte sie »die Rote Lloveras«.

Die Rote Lloveras war unermeßlich reich gewesen. Ein beträchtlicher Teil der Häuser in der Calle Corrientes zwischen dem Obelisken und der Calle Leandro Alem hatte ihr gehört. Damit, und mit ihrem roten Haar und ihrer Liebenswürdigkeit, fiel es ihr nicht schwer, den Adelstitel einer der ersten Familien Frankreichs zu erobern. Ihr Ehemann, Bertrand de Faucigny-Lucinge, konnte mit der Heirat seinen Fürstentitel beanspruchen und machte sich daran, das Kapitalvermögen seiner Gattin durchzubringen. Was in Argentinien geschah, war jedoch noch schlimmer. Die Fürstin hatte einen namhaften konservativen Politiker zum Bevollmächtigten und Verwalter ihres Vermögens eingesetzt. Dieser feine Herr zögerte nicht, die umfangreichen Besitztümer der abwesenden Fürstin in die eigene Tasche wandern zu lassen. Als der Fürst ihr Vermögen dahinschwinden sah, verließ er seine Frau – oder sie war vorgewarnt und verließ ihn.

Jedenfalls mußte sie allein nach Argentinien zurückkehren und lebte nach einigen verlorenen Prozessen von einer bescheidenen Pension und der Unterstützung, die ihr ihre Freundinnen gewährten. (Vorkommnisse dieser Art waren beim ständigen Auf und Ab argentinischer Vermögen an der Tagesordnung. Ich habe selbst mehrere solcher Zusammenbrüche miterlebt.) Die Sache ging Borges nahe. Wie im Fall von Elvira de Alvear*, fühlte er sich zu Frauen hingezogen, die von eiskalten Männern aufs Kreuz gelegt und betrogen worden waren. Als wir Jahre später auf die inzwischen verstorbene Fürstin zu sprechen kamen, überraschte er mich mit dem Geständnis: »Die Fürstin, mußt Du wissen, war für mich eine der erregendsten Frauen. Ihre bloße Anwesenheit erregte mich.«

Ich sagte nichts, und er fragte verlegen: »Findest Du das normal?« »Völlig normal«, entgegnete ich, »sexuelles Verlangen ist launisch und gibt nicht immer der Schönheit den Vorzug.«

Die Fürstin dankte Borges die Aufmerksamkeit, die er ihr schenkte. Ich war mit ihr bald recht gut befreundet. Sie war eine spontane und herzliche Frau, die den (in jedem Fall schmerzlichen, für argentinische Verhältnisse aber katastrophalen) Verlust ihres Vermögens stoisch ertrug.

Man verachtete die Fürstin dafür, daß sie ihr Vermögen verloren hatte, und um sie noch zusätzlich zu demütigen, begründete man diese Verachtung mit der Tatsache, sie sei eine leichtlebige Frau gewesen. Die Gesellschaft zog es vor, sie zu vergessen. Borges' Aufmerksamkeit bildete dazu ein gewisses Gegengewicht. Er nannte sie stets »Fürstin«, und nie nahm er es sich heraus, sie zu duzen, wie es damals in gewissen Kreisen Mode war, schon bevor es das Fernsehen bei den jüngeren Generationen zur Regel machte. Trotz dieser förmlichen Distanziertheit, hatten er und die Fürstin großen Spaß daran, die stürmische (aber unerwiderte) Leidenschaft zu kommentieren, in der eine bekannte Lesbierin zu ihr entbrannt war. Borges, der

* Vgl. S. 165 [A.d.Ü.]

weiblicher Homosexualität amüsiert bis wohlwollend gegenüberstand, verlor nie ein Wort über ihr männliches Pendant, nicht einmal in herabwürdigender Absicht. Er ignorierte sie bei seinen Freunden und schob sie beiseite, wenn er ihr in der Literatur begegnete. Ließ es sich gar nicht vermeiden, benutzte er die alte biblische Bezeichnung »Sodomie«, mit ihrem Beigeschmack göttlicher Mißbilligung und einem mittelalterlichen Geruch nach Schwefel und Scheiterhaufen. Jahre später erzählte er einmal sichtlich gerührt, er hätte sich in Paris in dem gleichen Hotel einquartiert, in dem einst Oscar Wilde gelebt hatte, und er pflegte über die »Ballade vom Zuchthaus zu Reading« zu reden, ohne sich jemals zu Wildes tragischem Schicksal zu äußern. Ich vermute, daß ihn auch seine Theaterstücke nicht allzu sehr angezogen haben dürften. Möglich, daß seine Sympathie für Wilde daher rührte, daß er einmal im Hause von S.D. etwas von ihm vorgelesen hatte – eine seltsame Art, ihr die Treue zu halten.

Um auf Funes zurückzukommen, will ich daran erinnern, daß Borges von dem Protagonisten dieser Erzählung immer als von dem »Orientalen« spricht. So lautete die alte, heute fast verschwundene Bezeichnung für die Bewohner des Gebiets östlich des Río de la Plata, das ursprünglich den Namen »Banda Oriental del Uruguay« trug. Nie oder nur ganz selten benutzte Borges das Wort »Uruguayer«. In seinen Augen war das ein Neologismus, ähnlich wie »Erlebnis« oder »Problematik«, der ihn auf die Palme brachte. Wenn Philologen und Journalisten über die »borgeske Problematik« schrieben, löste dies stets eine Flut berechtigter Sarkasmen bei ihm aus.

In dem Wort »oriental« ist etwas von freimaurerischer Tradition präsent. Ein Echo darauf findet sich in Uruguay bis heute, angefangen beim Zug des General Lavalleja mit seinen 33 Orientales* bis hin zum Namen der Stadt Montevideo – der schein-

---

* 1825, während Uruguays Krieg um die Unabhängigkeit, die das Land durch englische Vermittlung 1828 errang. [A.d.Ü.]

bar auf eine alte Karte zurückgeht mit der Prägung MONTE VI
DEO, was etwa heißt »Sechster Berg zu Gott«. Schließlich finden
sich Hinweise auf die Freimaurerei sogar am Marmorbrunnen
auf der Plaza Matriz von Montevideo, mit seinen vier emblema-
tischen Darstellungen von Winkeleisen, Zirkel und Hammer,
Merkurstab und Bienenkorb, und nicht zuletzt im Wappen der
República Oriental del Uruguay selbst.

Meines Erachtens erklärt sich Borges' Sympathie für Uruguay teilweise aus diesem freimaurerischen Hintergrund, von
dem er sich angezogen fühlte, ohne dies je offen auszusprechen. Wie bei allem, woran sein Herz hing, beschränkte er sich
auch hier auf Andeutungen.

Borges fehlte der Sinn für Malerei und Musik. Seine Vorlieben
im Bereich der bildenden Kunst waren infantil. Was seine Aufmerksamkeit fesselte, waren Kinderbuchillustrationen. Sein
Lieblingsmaler war William Blake; die visionären Darstellungen von bärtigen Jehovas, die in knöchellangen Hemden aus
den Wolken hervortraten, erschienen ihm großartig. Er bemerkte nicht die Trivialität dieser Bilder. Bewunderung fanden
bei ihm auch die Präraffaeliten, die sein Herz und seine Phantasie ansprachen. Die große Malerei ließ ihn kalt. Burne-Jones
schätzte er höher ein als Leonardo oder Rembrandt.

Auf dem Gebiet der Kunst ließ er sich ausschließlich von seinen Gefühlen leiten. Darin war er ganz authentisch, was sich
von sehr wenigen Menschen – Künstler und Schriftsteller eingeschlossen – sagen läßt. Gefiel ihm etwas, war das genug. Weil
seine Literatur eine so hohe Wertschätzung erfuhr, fühlte er
sich nicht verpflichtet, seinen Geschmack etablierten ästhetischen Wertvorstellungen anzupassen.

Genausowenig hatte es ihm die klassische Musik angetan.
Ich vermute, daß ihm – ganz gleich, was er später gesagt haben
mag – Silvina Ocampos Leidenschaft für Brahms einigermaßen
auf die Nerven ging. Diese im 19. Jahrhundert noch umstrit-
tene, Mitte des 20. Jahrhunderts so gefeierte Musik, die den

Hintergrund für die Zusammenkünfte im Hause Bioy bildete, veranlaßte ihn regelmäßig, ins Erdgeschoß zu flüchten, um dort gemeinsam mit Bioy Casares zu arbeiten. Etwas anderes war es, wenn ein *black spiritual*, eine Milonga oder irgend ein alter Tango aufgelegt wurde.

Einmal besuchten wir nach einem Vortrag ein Restaurant im Zentrum, und er schlug vor, anstatt wie gewöhnlich ins Kino, lieber ins Richmond auf der Florida zu gehen, wo uns »der fescheste Bursche, den du in deinem ganzen Leben gesehen hast«, erwarten würde.

Wer uns erwartete, war der spanische Schriftsteller Francisco Ayala, derselbe, der Borges' Rede verlesen hatte, als ihm der Ehrenpreis des argentinischen Schriftstellerverbandes (SADE) verliehen wurde und er selbst nicht den Mut aufbrachte, öffentlich zu sprechen. Borges hatte zweifellos vergessen, daß ich Ayala bereits kannte.

Ayala hatte regelmäßige Gesichtszüge und war ein gutaussehender Mann im besten Alter, der wenig Sorgfalt auf sein Äußeres verwandte. Und das merkte man. Ayala wäre als erster überrascht gewesen, hätte er erfahren, daß Borges eine solche Bewunderung für ihn hegte.

Aber Borges ließ sich die Schönheit Ayalas nicht ausreden. Ich glaube, er fand an ihm eine gewisse Ähnlichkeit mit den *mazorqueros** von General Rozas, vielleicht aber entsprach Ayala mit seinem dichten Schnurrbart und den hohen Backenknochen eines Spaniers dem Bild, das er sich von einem Gaucho machte.

Nachdem wir uns an jenem Abend zu Ayala gesetzt hatten, schlug Borges unvermutet vor, in den Parque Lezama zu gehen, worüber Ayala, wie ich vermute, einigermaßen verblüfft war. Wahrscheinlich hatte er Borges hergebeten, um etwas Be-

---

* Mitglieder der *mazorqua* – so nannte sich die Sociedad Popular Restauradora, eine Organisation, die den Diktator Juan Manuel de Rosas unterstützte. [A.d.Ü.]

stimmtes zu besprechen oder eine intellektuelle Diskussion mit ihm zu führen.

Diesmal nahmen wir für den Weg zum Park ein Taxi. Borges war, wohl wegen meiner Anwesenheit an diesem für ihn fast heiligen Ort, in euphorischer Stimmung. Nicht für einen Moment entstand ein intellektuelles Gespräch, und genausowenig kam man auf etwas Bestimmtes zu sprechen, falls das in Ayalas Absicht gelegen haben sollte.

Über die im italienischen Gartenbaustil mit Blumenkübeln und antiken Götterstatuen gesäumten Wege erreichten wir den von zwei großen Bronzelöwen flankierten Eingang des einstmaligen Stammhauses der Familie Lezama – heute ein Museum mit verwitterten Kanonen und Kanonenkugeln im Innenhof. Borges stimmte aus vollem Hals einige alte Tangos und Milongas an.

Er mochte die Tangos und Milongas aus der Zeit nach 1920 nicht, als der Tango in die Salons Einzug gehalten hatte und nicht mehr mit Schneid getanzt wurde. Die nostalgische Klage hatte den unbändigen Rhythmus der ersten beiden Jahrzehnte des Jahrhunderts abgelöst. Diese Tangos besaßen in seinen Augen einen fröhlichen, kraftvollen und mitreißenden Charakter, und so mußten sie gesungen werden. Mit Carlos Gardel, der, wie Borges sagte, »den Tango sang, als wäre es eine Oper«, hatte er sich nie anfreunden können. Er war unempfänglich für die Faszination, die Gardel auf das Publikum ausübte, und auch seine Art, den Tango zu singen, blieb ihm unverständlich. Jedenfalls begann er an jenem Abend mit kraftvoller Stimme zunächst *El apache argentino* (»Der argentinische Halunke«) zu singen, einen Tango aus dem Jahre 1913 – jedoch nicht mit dem offiziellen Text, sondern in der anzüglichen Originalversion:

Ich möcht' so gern ein Lude sein,
dann hätt' ich eine Mieze fein,
der füllt' ich mein Benzin hinein
und macht' 'n Flieger ihr als Sohn,

der bräche alle – mir zum Lohn –
Luftfahrtrekorde, wo ich wohn'.

Ein anderes Lieblingsstück von ihm war:

Erinn're dich, wie du an meinem Seitel
dir zogst das Hütchen auf den Scheitel,
und saß'st in einem Plusterkleide
ganz aus gekreppter feiner Seide...
Und dann noch die Lechugacreme
mehrt deine Schönheit außerdem...

Er hatte durchaus nichts gegen eine lustige Milonga:

Mich nennt hier jeder Hasenfuß,
Montevideo mich gebar.
Ich reiß das Maul auf, wenn ich muß
und zahl mit Fersengeld in bar.

In einer anderen Version lauten die ersten Verse:

Im Viertel Montserrat gebor'n
bin ich, dort wo die Klinge blitzt..., etc.

Es war ein seltsamer Abend, wie da Borges aus vollem Hals
diese Lieder schmetterte, die ihn amüsierten oder erregten.
Aber auch wenn er falsch sang, tat er es mit einer ergreifenden
Leidenschaftlichkeit, die noch durch diese mehr oder weniger
vulgären Verse der Porteño-Folklore hindurch zum Ausdruck
kam.

Juan Perón

Borges und das wahre Gesicht

»No nos une el amor, sino el espanto;
*será por eso que la quiero tanto«.**
J.L. Borges, *Buenos Aires*

BORGES WAR VON SPIEGELN gleichermaßen fasziniert und abgestoßen. Die Enthüllung des Spiegels, jenes »unvermutete Antlitz« *(Mutmaßendes Gedicht)*, das sich auf dem Grund des geschliffenen Glases abzeichnen könnte, machte ihm ständig Angst – und ließ ihn nicht los.

Zwischen Borges und dem Peronismus herrschte zeitlebens ein Mißverständnis. Er erzählte mir einmal einen Traum: Er fuhr mit der U-Bahn, und wie zu bestimmten Zeiten üblich, war der Wagen brechend voll. Plötzlich sah er sich in dem Gedränge von Angesicht zu Angesicht Perón gegenüber. Perón reichte ihm die Hand, um ihn zu begrüßen, und Borges stellte fest, daß Peróns Hand schlaff und weich war; sie war, mit einem Wort, wie seine eigene Hand.

Träume interpretieren war seine Sache nicht. Er hatte zur Analyse Zuflucht genommen, um eine Situation zu lösen, nicht um sich Aufschluß über sein Leben zu verschaffen. So maß er dem Traum keinerlei Bedeutung bei und verharrte in dem Befremden, das er ihm verursacht hatte: Die Freudsche Analyse konnte eine wirksame Therapie sein, eine Erklärung niemals. Erklärungen interessierten ihn nicht; seine Sache waren stets die Fragen.

Nach unserem berühmten »Marsch der Freiheit« am 19. September 1945 blieb die Situation gespannt, verschärfte sich sogar

---

* »Uns verbindet nicht Liebe, sondern Schrecken;
das wird es sein, warum ich sie so liebe.«

noch. Berittene Polizei patrouillierte in der Umgebung des neugeschaffenen Arbeitsministeriums, wo Perón sein Hauptquartier aufgeschlagen hatte. Die Polizei dehnte ihre Patrouillen häufig bis zur Avenida de Mayo aus und machte in der Nähe der oppositionellen Tageszeitung *La Prensa* halt. Bildete sich eine Menschenmenge, wurden die Pferde gegen sie in Marsch gesetzt. Zufällig durfte ich dies am eigenen Leibe erfahren. Ich ging mit einer Freundin die Florida entlang. Poldy de Byrd, so hieß sie, war eine sehr temperamentvolle, hitzköpfige junge Frau und angehende Schriftstellerin, die beim Anblick der Reiterstaffel ausrief:»Mörder, Gestapo!« Die Pferde sprengten auf uns zu. Wir rannten, was das Zeug hielt: Das Haustor von *La Prensa* öffnete sich einen Spaltbreit und wir konnten hineinschlüpfen. Kurzzeitig wurde versucht, die Tür, die auf die Calle Rivadavia führte, mit einem beigebrachten Balken aufzubrechen, den man gegen das Portal stieß. Umgeben von fassungslosen Gesichtern in der vollbesetzten Redaktion hörten Poldy und ich eine Rede von Perón, in der er ankündigte, sein Amt im Arbeitsministerium niederzulegen, jedoch in einem Ton, der nichts Versöhnliches hatte; vielmehr enthielt er eine unterschwellige Drohung, die keinem von uns entging.

In dieser Atmosphäre ging ich wenige Tage vor dem 17. Oktober wieder einmal mit Georgie aus. Nach der ersten heftigen Auseinandersetzung schien es, als sei der Zwischenfall mit seiner Mutter vergessen. Aber beide waren wir gleichermaßen nachtragend. In jener Woche vor dem 17. Oktober konnte man den Peronismus in den Straßen von Buenos Aires fast mit Händen greifen. Und das nicht allein wegen der Präsenz der berittenen Polizei an strategischen Punkten der Stadt. Der 17. Oktober war für viele ein peinliches Spektakel, für einige ein Schandfleck, für wieder andere angsteinflößend; für die Mehrheit der Bevölkerung bedeutete er Hoffnung.

Wie immer gingen wir in den Straßen der Umgebung von

Constitución spazieren. Plötzlich blieb er stehen und rief sichtlich erzürnt:»Wo sind denn bitte schön die Peronisten, wo? Ich bin in meinem ganzen Leben noch keinem begegnet!« Die Straßen waren für dieses dichtbevölkerte Viertel ungewöhnlich still und friedlich.»Hier«, gab ich ihm zur Antwort und ließ den Blick über den Platz schweifen,»die Peronisten sind hier«, sagte aber nichts davon, daß ich das Gefühl hatte, sie würden sich wie eine geballte Flut nach Süden und Westen, sogar bis in den privilegierten Norden hin ausdehnen.»Das ist doch Blödsinn«, sagte er.

Einige Tage später hätte er sich der Evidenz des Faktischen beugen müssen, wozu er aber zeitlebens nicht bereit war. An die Dächer der Straßenbahnen geklammert, auf Lastwagen, zu Fuß und sogar zu Pferd, mit Trommeln und argentinischen Fahnen, die erst geschwenkt, später durch den Schmutz gezogen wurden, hielt der Peronismus in Buenos Aires Einzug. Die Stadt wurde von einer Menschenmasse überflutet, die – ob nun von einem Teil der Streitkräfte gesteuert oder nicht – wirklich existierte; die, angestachelt von Evita Perón, mit stillschweigendem Einverständnis der Polizei lautstark und zerlumpt nach ihrem Führer verlangte, der auf einer nahegelegenen Insel in Haft saß. Seit dem Morgengrauen waren die Menschen aus drei Hauptrichtungen in die Stadt geströmt: aus Süden, Norden und Westen.

Es waren Leute, die nie aufbegehrt hatten, und die, als sie es taten, eine unsichtbare Grenze überschritten. Sie besetzten das Zentrum, die angrenzenden Avenidas, die Plaza de Mayo und nahmen dort Aufstellung. Es waren die *cabecitas negras,* Schwarzköpfe, eine Anspielung auf das schwarze Haar der Indios, Leute,»die sich nicht zeigen durften«, die es in Argentinien offiziell nicht geben durfte. Die es aber gab. Sie waren schmutzig, roh, respektlos und legten eine Grausamkeit an den Tag, wie in die Enge getriebene Tiere. Das neue, das wahre Gesicht Argentiniens erschien in Borges' Spiegel.

Borges empfand den Peronismus als eine persönliche Beleidigung. Es ist merkwürdig, daß ein Mann seines Intellekts – auch nachdem die erste Erregung verflogen und es nicht mehr zu leugnen war, daß die auf den Peronismus folgenden Regierungen kein Stück besser waren – nicht gewillt war, umzudenken. Vielleicht fürchtete er, daß ein Verständnis jenen Haß mindern könnte, der ihm die einzig angemessene Haltung zu sein schien. »Barbaren siegen, es siegen die Gauchos«: Sein *Mutmaßendes Gedicht* hatte sich erfüllt, doch erfüllte seine Brust nicht »geheimer Jubel«, nicht der Ruhm eines Todes, der das Schicksal derer ist, die Ehrenwertes und Großes mit den »grausamen Provinzen« im Sinn gehabt hatten.

Der Peronismus bedeutete keine tödlichen Bedrohung, und es trugen die Gauchos keine Lanzen, auch wenn einige auf klapprigen Gäulen ritten. Dieses Mal waren die Waffen die Trommeln, die Stöcke, die Transparente, der Lärm der Straße und der Verbitterung, verworren und bedrohlich; diese Massen waren furchteinflößend, aber ihnen fehlte der »Mut«.

Es gibt eine Erzählung von Borges, *Biographie von Tadeo Isidoro Cruz,* die in diesem Zusammenhang erwähnt zu werden verdient.

Martín Fierro von José Hernández ist das argentinische Nationalepos; seine Verse haben über Generationen hinweg Argentinier aller politischen Richtungen bewegt. Borges war darin keine Ausnahme, und er machte sich nicht allzu viele Gedanken über das, was hinter den Klagen eines Martín Fierro steckt. Fierro beklagt sich, daß die Zeiten vorbei sind, in denen der Gaucho noch geachtet war, er seine Ranch, seine *china** und sein wie auch immer dürftiges Auskommen besaß. Und es bedarf keines besonderen Scharfsinns festzustellen, daß Hernández seine Strophen einem Mann aus der Zeit von Rozas, dem ersten »Tyrannen«, in den Mund legt; Fierro spricht für all jene, die fortan geächtet waren, als das gebildete Argentinien über das wirkliche Argentinien triumphierte und es unter sich begrub.

* Ein »Gauchismo«, der die »Frau des Gaucho« bezeichnet. [A.d.Ü.]

Die Verse des *Martín Fierro* sind direkt, zuweilen ergreifend. Der Titelheld beschließt, nachdem er als Soldat zwangsrekrutiert worden war, dem Vaterland nicht auf diese Weise zu dienen und wird zum Deserteur, später zum Wegelagerer. Aber sein Rebellieren ist blind. Wie das der Peronisten, hat es den Groll als Triebfeder. Man muß dazu sagen, daß es vielleicht diese Blindheit gewesen ist, die einen Martín Fierro für die gebildeten Schichten erst akzeptabel machte. Man konnte von ihm ergriffen sein, weil man nichts von ihm zu befürchten hatte. Jetzt gab es eine veränderte Situation. Der Peronismus war nicht »mutig«, aber er war an die Macht gelangt.

In einer der bewegendsten Passagen der Geschichte wird Unteroffizier Cruz ausgeschickt, Martín Fierro zu fangen. In Borges' Erzählung ist Cruz ebenfalls zum Militärdienst gezwungen worden: Darin bestand die auf dem Land übliche Strafe für bestimmte Verbrechen. Ein Mann konnte für die Ordnungskräfte von Nutzen sein, wenn er Mut und ein paar Morde auf dem Gewissen hatte.

Der eingekreiste Fierro verteidigt sich wie ein Löwe; in einem Moment der Bewunderung verläßt Cruz seine Männer und stellt sich zum Kampf an die Seite von Fierro. Indem er die Geschichte von Cruz neu erfindet, stiftet Borges zwischen den beiden Männern eine Art Entsprechungs- oder Brüderverhältnis. Gemeinsam sind sie eine Herausforderung für jede festgefügte Ordnung. Fierro und Cruz kämpfen nicht gegen eine Regierung, sondern gegen alles, was sie einengt.

Borges wiederholt die von Hernández erzählte Geschichte, fügt ihr aber frühere Begebenheiten aus dem düsteren Leben von Cruz hinzu. Wie Paulus sollte ihm eine erleuchtende Offenbarung zuteil werden. In der von Borges nacherzählten Geschichte schlägt sich Cruz auf die Seite des Mutigen und verwandelt sich seinerseits in einen Deserteur, wahrscheinlich auch Mörder. Dabei kommt es Borges nicht in den Sinn, daß sich Cruz mit seiner Haltung gegen all das gestellt hat, was er, Jorge Luis Borges, verteidigt. Er konzentriert sich auf einen einzigen Augenblick, weiter will er nicht sehen. Ursachen und Wirkungen existieren nicht.

Auf alle Fälle, und trotz seiner Zugeständnisse an den »Schrecken«, beurteilte er den Peronismus stets nach ganz anderen Maßstäben. Als er sagte, daß er »noch nie einen Peronisten getroffen habe«, glaubte ich ihm aufs Wort. Ich war so naiv zu meinen, daß er sich nicht in den Kreisen bewegte, in denen Peronisten verkehrten, obwohl man nur auf die Straße zu gehen brauchte, um ihnen zu begegnen.

Was Georgie meinte, war einigermaßen verwickelt: Er wollte zu verstehen geben, daß niemand wagen würde, sich offen als Peronist auszugeben, daß es beschämend war, Peronist zu sein, und daß, weil die Peronisten selbst das wußten und niemand sich dazu bekannte, es also nirgendwo Peronisten gab.

In diesem Punkt schätzte Borges die bändigende Macht der Oberschicht falsch ein: Der Peronismus hob stolz den Kopf und sollte ihn ein halbes Jahrhundert obenhalten ... oder noch länger. Argentinien hingegen sollte nie wieder das werden, was es zu sein sich den Anschein gegeben hatte.

Sicher: Der Peronismus führte sich in einer Weise auf, daß kein gebildeter oder vorgeblich gebildeter Mensch sich von ihm angezogen fühlen konnte. Es stimmt, daß der eine oder andere »seltsame Vogel« aus höheren Kreisen sich dem Peronismus annäherte, ohne daß er damit aber weit gekommen wäre.

Die Leute aus dem Volk fanden sich in dem lehrerhaften Sozialismus ebensowenig wieder wie in den stereotypen Formeln des Kommunismus. Zudem hatten diese beiden Bewegungen in Argentinien nur sehr oberflächlich Fuß gefaßt. Der ausgebeutete Arbeiter hatte nie von einer Umverteilung des Reichtums geträumt. Sein Traum war es, selbst reich zu sein oder, wenn ihm das nicht gelang, den Reichtum zu zerstören. In klar faschistischer Tradition stehend, machte sich Perón diesen schwelenden Volkszorn zunutze, dem er einen Aufstieg verdankte, an den er zweifellos niemals geglaubt, den er vielleicht auch nicht gewollt hatte.

Bei Evita lagen die Dinge anders. Sie nahm ihren Mann ernst und glaubte seinen Reden aufs Wort. Sie war die – wie sie sich selbst nannte –»Wortführerin der Gedemütigten«. Der Haß, den sie bei den Frauen der Oberschicht hervorrief, war mißgünstig, unbarmherzig und grausam. Dieser Haß, abgeschmackt, stereotyp und verbissen, wie es die weniger geistreichen Haßgefühle von Frauen zu sein pflegen, fand beinahe dreißig Jahre nach Evitas Tod in Borges sein spätes Echo. Spöttisch sprach er von ihr als der »blonden Fee«, wie sie im Volk zuweilen genannt worden war, auch noch, als Evitas Name bereits als der einer der bedeutendsten Frauen des Jahrhunderts um die Welt ging. Es gibt, was Borges betrifft, ein Tabu. Wir haben es nicht gern, wenn man unseren Helden den Sockel nimmt, zumal es viel bequemer ist, sie auf dem Sockel zu wissen: sie sind keine Menschen wie wir, und insofern können wir sie weder verstehen noch nachahmen; man bewundert sie, weiter nichts. Das ist zumindest die in Lateinamerika vorherrschende Tendenz: In Europa ist man davon abgekommen, und in den Vereinigten Staaten hatte man schon immer Gefallen daran, die menschlichen Schwächen der eigenen Berühmtheiten ans Licht zu ziehen, als würden diese dadurch noch gewinnen.

Ich schreibe dies in Argentinien, wo die Idole fest auf ihren Sockeln sitzen. Die nachfolgenden Generationen haben das Bild von Borges als eines mit dem Kopf in den Wolken, zwischen Büchern und phantastischen Vorstellungen lebenden und keiner Leichtfertigkeit fähigen Menschens akzeptiert. Doch war Borges in seinen Urteilen – den literarischen ausgenommen – alles andere als streng und konsequent.

Unter den Gedichten, die er zu rezitieren pflegte, wenn wir durch die Straßen im Süden oder Westen liefen, war eins von Almafuerte (Pedro B. Palacios), einem *poeta minor*, der zu seiner Zeit einige Popularität besaß und Borges, vermute ich, besser gefiel als der allseits hofierte Lugones:

Yo desprecié al feliz, al potentado,
al honesto, y al rico, y al valiente,
porque pensé que le tocó la suerte
como a cualquier tahúr afortunado.*

Seine Faszination für den Betrug beweist die vielbewunderte Erzählung *Mann von Esquina Rosada*, geschrieben in der ersten Person, stilistisch zwischen Gaucho- und Gaunerjargon anzusiedeln. Erzählt wird von einem feigen, heimtückischen Verbrechen. Borges, nicht frei von menschlichen Schwächen, hatte etwas von einem Falschspieler. Bei einer Gelegenheit erzählte er mir eine Anekdote, die ich zusammen mit ein oder zwei anderen wiedergeben will, denn wenn, wie er sagt, »die Taten unser Sinnbild« sind, dann können diese Anekdoten aufschlußreich sein.

Ende der dreißiger Jahre, wie gesagt, bestritt Borges in der Zeitschrift *El Hogar* eine Seite mit Besprechungen ausländischer Autoren. Einmal erhielt er den Anruf einer Frau, die ihren Namen nicht nannte. Sie schien gebildet, ziemlich belesen, kannte sich in der englischen Literatur gut aus und sagte ihm, wie sehr sie seine Kritiken und Gedichte bewundere. Borges dankte ihr geschmeichelt. Wie alle argentinischen Schriftsteller, war er begierig nach Anerkennung. Unangenehm aber war die Stimme der Frau, die einen harten, heiseren Klang besaß.

Die Frau wiederholte ihre Anrufe. Passend zu ihrer Stimme, stellte er sich eine etwa fünfzigjährige, behäbige, etwas dickliche und stark bebrillte Lehrerin vor.

Ein paar Wochen später schlug die Frau ihm ein Treffen vor. Schlauerweise bat er sie, sich zu beschreiben. Sie antwortete

---

* Ich verachtete das Sonntagskind, den Ehrenmann,
  das Löwenherz, den Reichen und den Potentaten,
  weil ich dachte, daß Fortuna ihre Zeche zahlte,
  wie sie's für jeden glücklichen Zinker tut.

aber, das sei nicht nötig, sie kenne ihn vom Sehen und werde sich zu erkennen geben. Borges war nicht wenig verlegen, als es darum ging, einen Treffpunkt zu vereinbaren. Sie brachte eine Reihe vornehmer Konditoreien ins Gespräch, die er alle ablehnte. Er wollte nicht das Risiko eingehen, wie er mir sagte, mit einer so häßlichen Frau gesehen zu werden. So verabredete er sich also mit ihr unter dem Vorwand der Diskretion in keiner der Konditoreien des Barrio Norte oder der Innenstadt, sondern entschied sich für die Konditorei Molino gegenüber der Nationalversammlung – eine Konditorei, wie sie für ein Mittelschichtpublikum typisch war, mit prächtigen Hochzeits- und Geburtstagstorten in den Auslagen und Räumen, die für volkstümliche Festlichkeiten vermietet wurden. Auch einige Abgeordnete und Senatoren verkehrten dort, doch sind das in Argentinien gewöhnlich nicht sehr vornehme Leute. Vor allem war es ein Ort, wo müßige ältere Damen die Nachmittage damit verbrachten, Tee zu trinken und Törtchen zu vertilgen, Damen, die ihre rundlichen oder auch unverhohlen fetten Leiber mit nicht eben geschmackvollem Pomp ausstaffierten.

Trotz all dieser Versicherungen erwartete Borges die Dame vorsorglich am Eingang der Konditorei.

Ihm wurde immer unbehaglicher zumute. Während er die Süßspeisen in den Schaufenstern betrachtete, zerbrach er sich den Kopf, wie er am geschicktesten um das lästige Treffen herumkommen könnte. Sein Unbehagen erreichte in dem Moment seinen Höhepunkt, als er den Kopf hob und eine Frau auf den Eingang zukommen sah.

»Sie war eine Göttin«, erinnerte sich Georgie, »groß, schlank, dunkel und doch scheinbar blond.«

Er fühlte sich beschämt, daß ihn diese »Göttin« mit der schrecklichen Frau sehen sollte, die er erwartete. Er machte unvermittelt kehrt und ergriff die Flucht. Als ihn die »Göttin« gehen sah, lief sie hinter ihm her, holte ihn ein, reichte ihm die Hand und sagte mit heiserer Stimme: »Borges, wie geht es Ihnen?«

Natürlich verliebte sich Georgie in diese Frau, die über ihre beeindruckende Erscheinung hinaus Eigenschaften besaß, die ihn in Bann schlugen: Sie gehörte der Oberschicht an, war nicht sehr glücklich verheiratet und verehrte die englische Literatur. Zudem war sie sehr religiös, was ihrem Wesen eine, wie er sich ausdrückte, entzückende Unschuld und Einfalt verlieh. Sie unterhielt einen literarischen Salon, in dem englische Autoren vorgelesen wurden. Sie war es, der er die *Universalgeschichte der Niedertracht* widmete: »I inscribe this book to S. D.: English, innumerable and an Angel. Also: I offer her that kernel of myself that I have saved, somehow – the central heart that deals not in words, traffics not with dreams and is untouched by time, by joy, by adversities.« (»Ich widme dieses Buch S. D.: englisch, unzählbar und ein Engel. Und: Ich biete ihr mein Innerstes, das ich irgendwie gerettet habe – das innerste Herz, das nicht mit Wörtern Handel treibt, keine Träume in Umlauf bringt und unberührt ist von Zeit, von Freude und von Widrigkeiten«.)

Eine wahrlich schöne und, in ihrem ersten Teil, geheimnisvolle Widmung. »English, innumerable and an Angel« bezieht sich auf S. D. (die keine Engländerin war) oder auf etwas, das zwischen ihnen vorgefallen ist. S. D. ist tot, Borges ebenfalls, und so werden wir es nie erfahren.

In jenen Jahren verstärkte sich Borges' Vorliebe für Anspielungen und die Vertauschung von Namen, so als wollte er seine innersten Geheimnisse bewahren.

Doch der Betrug folgte auf den Fuß. Damals schrieb er ein oder zwei Gedichte in englischer Sprache*, die den zweiten Teil der Widmung nahezu wörtlich enthalten. Die Gedichte waren, wie er mir sagte, für S. D. bestimmt. Ich fragte ihn, warum dann die Initialen der Widmungen nicht identisch seien. Er antwortete, daß S. D. sehr katholisch sei, Kinder habe, und er ihr keine

---

* *Two English Poems*, datiert 1934, aufgenommen in die Gedichtsammlung *El otro, el mismo*. Der Kommentar der deutschen Ausgabe erwähnt, das zweiteilige Gedicht sei ursprünglich »I. J.« gewidmet gewesen... [A.d.Ü.]

Unannehmlichkeiten mit ihrem Ehemann bereiten wollte. Das war 1946 oder 1947. In den 1974 veröffentlichten *Obras Completas* erscheinen die englischen Gedichte mit einer Widmung an Beatriz Bibiloni de Bullrich – eine Frau, von der er ganz gegen seine Gewohnheit nie gesprochen hat. Und die Widmung der *Universalgeschichte der Niedertracht* trägt auch in den *Obras Completas* noch lediglich die Initialen S. D., obwohl sie inzwischen gestorben war.

Er liebte S. D. Weil aber diese Liebe unmöglich war – oder er das zumindest glaubte –, übertrug er sie auf BBB. Die ganze Atmosphäre der *Universalgeschichte* atmet S. D.s Gegenwart. Ich kannte sie: Sie war eine Frau, die die Gefühle rechtfertigte, die sie in Borges geweckt hatte; er selbst stellte mich ihr vor, als er mich einmal zu ihr mitnahm.

Unter den Freundinnen, die seine Vorträge besuchten, befand sich eine Dichterin und Vortragskünstlerin, der er eine seiner Erzählungen gewidmet hatte. Diese Dichterin, die allgemein als kitschig galt, hatte einen Gedichtband geschrieben und Borges um ein Vorwort gebeten. Auf den rund fünfundzwanzig Seiten des Buches fand er lediglich einen einzigen Vers, der ihm annehmbar erschien, ja ihn regelrecht begeisterte, wenn er auch das restliche Buch für wertlos hielt. »Jedenfalls ist er so hübsch«, sagte er mir, »daß ich ihr das Vorwort schreiben muß.«

Und er schrieb es. Als aber das Buch herauskam, sagte er mir ganz bestürzt, die Autorin habe die Adjektive in seinem Text verändert. Wo bei ihm beispielsweise von »dem guten Buch von X« die Rede gewesen war, hätte sie »gut« durch »großartig«, »kolossal« etc. ersetzt. Er schien deprimiert, daß man sein Vertrauen mißbraucht hatte.

Sehr wahrscheinlich war die Wahrheit eine andere. Ich glaube, er selbst schrieb »kollossal«, »großartig« etc., und weil er sich das nicht zuzugeben getraute, machte er lieber die Autorin dafür verantwortlich. Es ist schwer vorstellbar, daß sie, eine schüchterne, rührselige Frau, es gewagt haben sollte, Borges zu korrigieren. Auf alle Fälle wurde das Buch auch mit seinem Vorwort nicht über einen kleinen Kreis von Freunden hinaus bekannt.

In diesen Zusammenhang gehören auch die beiden Anekdoten, die ich abschließend mitteilen werde.

Es gab damals eine Schriftstellerin, die, gemessen an einschlägigen Schönheitsvorstellungen, als häßlich oder unansehnlich gelten durfte. Eines Abends sollte ich mit Ricardo Baeza zum Essen ausgehen. Zuvor traf ich mich auf ein Glas mit Georgie (der wie immer Milch trank). Er sagte mir, er werde später bei den Bioys zu Abend essen. Ich begleitete ihn bis zum Eingang der U-Bahnstation San Martín, wo wir uns verabschiedeten. Ich muß noch sagen, daß zu jener Zeit bereits keine Aussicht mehr auf eine Liebesbeziehung zwischen uns bestand. Ich traf Ricardo Baeza, und wir beschlossen, ins La Corneta del Cazador essen zu gehen, das ein eher preiswertes Restaurant war und an bestimmten Tagen der Woche vorzugsweise von Schriftstellern besucht zu werden pflegte. Der fragliche Abend fiel jedoch auf keinen dieser Tage. Wir traten ein, und zu meiner Überraschung erblickte ich an einem der Tische Borges mit besagter »Unschönheit« von Schriftstellerin. Eine Begrüßung ließ sich nicht mehr vermeiden, und Borges bekam einen hochroten Kopf. Nicht, weil er mich angelogen hatte, sondern weil er – vor allem von Baeza – in Begleitung einer so häßlichen Frau gesehen worden war.

Auch was ich jetzt erzählen will, wirft ein Licht auf eine gewisse eitle Schwäche – seinem Pathos zum Trotz –, auf die seltsame Art, in der er die Frauen sah, die nicht immer nur durch ihr Äußeres seine Anteilnahme weckten.

Zu jedem Jahreswechsel besuchte Borges am 31. Dezember, bevor er sich mit seinen engeren Freunden zum Essen setzte, eine Wohnung in der Calle Independencia. Zweimal nahm er mich dorthin mit.

Es war eine dieser Wohnungen, die von einem langen,

schmalen und feuchten Korridor abgehen. Sie besaß zwei winzige Zimmer, die auf einen schmutzigen kleinen Hof führten. In dem Hof gab es keine Pflanzen, und Licht gelangte in die Zimmer, die im Winter schwer zu heizen sein mußten, lediglich durch die Türen zu eben jenem Hof.

Hier lebte eine schon ältere Frau; sie mochte etwa sechzig Jahre alt sein, war sehr bleich, kugelrund und wohl nie sehr schön gewesen. Borges betrachtete diesen jährlichen Besuch zu Sylvster als einen Tribut und eine Huldigung an diese Frau, die er ihr schuldig zu sein glaubte. Sie hieß Elvira de Alvear, und ihr Vater war einer der reichsten Männer Argentiniens gewesen. Die Heirat ihrer Mutter Mariana Cambaceres mit Diego de Alvear war als einer der größten Skandale durch die mondäne Presse gegangen. Mariana Cambaceres war bereits einmal verheiratet und hatte das Glück, daß ihr Mann starb und sie Alvear heiraten konnte, der ihr Liebhaber gewesen war. Noch andere schillernde Geschichten kursierten über die Familie, die zu erzählen hier aber nicht der Ort ist. Tatsache ist, daß Diego de Alvear sein Vermögen durchbrachte und seine Tochter in ärmlichen Verhältnissen zurückließ.

Auf ihrem Eßzimmertisch stand ein silbernes Glöckchen, mit dem Elvira de Alvear läutete und nach einer Weile bemerkte: »Wo steckt nur wieder das Personal? Sehen Sie, Borges, es ist einfach nie da, wenn man es ruft!«

Die Szene rührte ihn, und er verließ die Wohnung mit dem Gefühl von Pflichterfüllung und in leicht melancholischer Stimmung.

Borges war nie in Elvira de Alvear verliebt gewesen, aber die Wahnphantasie der verarmten Frau, wie sie mit ihrem silbernen Glöckchen nach dem Personal läutete, ging ihm zu Herzen.

Der Zahir

ALS EINEN WEITEREN SCHLÜSSELTEXT will ich die Erzählung *Der Zahir* untersuchen, die Borges in der Zeit schrieb, als wir uns am häufigsten sahen, also in der Phase seiner großen Verliebtheit, bevor ihn mein dreijähriges »Abtauchen« aus seinen Träumen riß. *Der Zahir* gehört zu den literarisch weniger gelungenen Erzählungen von Borges. Sie stellt ein Gewirr von Bildern dar, das an die Disparatheit und wechselseitige Überlagerung von Traumelementen erinnert. Bekanntlich läßt sich ein Traum nur in linearer, chronologischer Form und Folge erzählen. Es gibt ein Gerüst, einen leitenden Gedanken, aber den Traum bevölkert eine Vielzahl von Elementen, die um der Klarheit willen unterdrückt werden. Obwohl der Autor Stringenz und Verständlichkeit anstrebt, gelangt *Der Zahir* nicht über die Ebene von Traum und Vermutung hinaus. Es hat den Anschein, als würden hier zwei Strömungen zusammenlaufen, ohne doch miteinander verschmelzen zu können.

Borges schrieb die Erzählung in einer dramatischen Phase seines Lebens. Sie entstand gleich nach dem *Aleph*, und irgendwie spürt man den Konflikt, in dem sich der Autor damals befand. Ich hatte ihn noch nicht verlassen, aber er ahnte, daß es geschehen würde.

Der Zahir gehört zu jenen Erzählungen, denen eine alltägliche Wirklichkeit und banale Ereignisse zugrunde liegen, die dann eine phantastische Bedeutung annehmen. Ganz anders in *Die kreisförmigen Ruinen* oder *Der Garten der Pfade die sich verzweigen*, die offen in einer imaginären Sphäre angesiedelt sind, während *Mann von Esquina Rosada* oder *Emma Zunz* nie die realistische Ebene verlassen.

Im *Zahir* verschmelzen wie im *Aleph* Phantasie und Realität, gewinnt die Realität den Charakter von etwas Phantastischem. Die Wirklichkeit *ist* phantastisch, und damit er dieses Moment im Alltäglichen wahrnehmen konnte, mußte in seinem Wesen eine große Veränderung vorgehen. Der *Zahir* ähnelt auch darin dem *Aleph,* daß er ein magischer Gegenstand ist. Aber bei Borges, dem großen Bewunderer von *Tausendundeine Nacht,* entstammen die magischen Gegenstände nicht übernatürlichen Zusammenhängen, sondern man erhält sie in einer Kneipe als Wechselgeld oder findet sie in der Ecke eines Kellers, und ihre Existenz wird von einem denkbar unbedeutenden Dichter verkündet, der zudem noch sein Nebenbuhler ist.

Ich wohnte damals Ecke Chile und Tacuarí, wo sich das Lokal befand, in dem er die phantastische Münze erhielt.

In dieser »Kneipe« pflegte er an den Morgenden die Zeit bei dem unvermeidlichen Glas Milch oder einem gelegentlichen Gläschen Pfirsichschnaps herumzubringen, wenn er besonders ängstlich war.

Es kam häufig vor, daß er sich nicht traute, die Straße zu überqueren, in den Fahrstuhl zu steigen und bei uns zu klingeln. Unser Hausmädchen – die weniger eine Angestellte als ein Teil der Familie war und die Mutter von Toño, der das »Aleph« bekommen und zerstört hatte – sah ihn für gewöhnlich dort sitzen, wenn sie zum Markt ging. Sie kam dann zu mir und sagte: »Ihr Verehrer ist seit einer halben Stunde unten. Wenn Sie möchten, sage ich ihm, daß er heraufkommen soll.«

Vielfach brauchte er offensichtlich diese Einstimmung, bevor er bei mir erschien. Und das tat er damals nie vor halb elf, obwohl er schon um halb zehn anrief und die Fahrt mit der U-Bahn ihn nicht mehr als zehn Minuten kostete. Es war jene überzogen rücksichtsvolle Art, mit der er viele seiner Handlungen imprägnierte, wie um sich für sie zu entschuldigen, wo es gar nichts zu entschuldigen gab.

Jedenfalls war es diese Eckkneipe, in der er mit dem Wechselgeld ein nagelneues Zwanzigcentavostück erhielt, das für ihn zum Zahir wurde. Voller Bewunderung für seinen strahlenden Glanz zeigte er es mir auf der flachen Hand.

Die Erzählung beginnt mit einem ironischen Bericht über das Leben und Ableben einer Dame der besseren Gesellschaft, Teodelina Villar. Wie in den Träumen, die auf banale Weise beginnen und im Schrecken enden, verwirrt und verliert sich der Faden der Erzählung. Von einem auf den anderen Moment hat der Ich-Erzähler die Totenwache bei Teodelina Villar verlassen – sie hatte die Unschicklichkeit begangen, in Armut zu geraten und in der südlichen Vorstadt zu sterben – und betritt eine Kneipe Ecke Chile und Tacuarí, wo er den Zahir erhält, dessen Glanz Teodelina Villar und ihre altfränkischen Snobismen überstrahlt. Aber den Zahir bei sich behalten möchte er auch nicht, und er tut sein Möglichstes, ihn loszuwerden. Aber es hilft nichts. Einmal gesehen, wird der Zahir zu einer Obsession, die ihn dazu verurteilt, für alle Zeiten an ihn zu denken. Die enge Welt der Teodelina Villar verschwindet, bleibt auf der Strecke. Was überdauert, ist die Welt der magischen Münze, der er, selbst wenn er wollte, nicht entkommen kann.

Im *Zahir* sind die beiden Tendenzen gegenwärtig, die bis zum Schluß in Borges' Leben miteinander stritten: auf der einen Seite Teodelina Villar und ihre Welt, die ihn in ihrem Bann hält, über die er sich lustig macht, von der er aber nicht loskommt. Auf der anderen Seite die der Freiheit; nicht eine bloß politische »Freiheit« – die er genausowenig besaß, da er hierin nicht selbst entschied –, sondern die strahlende Freiheit individueller Erfüllung. Doch für den Anblick des Zahir fehlte ihm der Mut.

In der zwischen Traum und Wirklichkeit gelegenen Welt seines künstlerischen Schaffens sollte jene magische Münze der Zugang zum Leben sein, die Befreiung von Schuldgefühlen und Verboten.

Teodelina Villar – in der er mit wenigen brillanten Strichen und nicht ohne Boshaftigkeit die kaum überzogene Karikatur einer argentinischen »Grande dame« zeichnet – war gestorben und Vergangenheit. In der Kneipe Ecke Chile und Tacuarí, einer wenig anziehenden Gegend im südlichen Buenos Aires, hatte er die Münze erhalten. Und für den Moment verkörperte sie die Hoffnung.

Jahre später, als Borges Direktor der Nationalbibliothek war, besuchte ihn ein unbekannter Sänger, der einige seiner Milongas vertont hatte und sie ihm zu Gitarrenbegleitung mit martialischer Stimme vorsang. Borges gefiel die Art seines Gesangs: Er hatte wohl den schneidigen Rhythmus getroffen, den Borges sich für seine Milongas vorstellte. Zwei, drei Mal empfing er den Sänger in der Nationalbibliothek, und der begleitete ihn danach bis zum Eingang der Station Independencia, von wo aus Borges mit der U-Bahn nach Hause fuhr. Die Nationalbibliothek in der Calle Mexico war nicht weit von der Ecke Chile und Tacuarí entfernt. Aber der Sänger bemerkte, daß Borges jene Ecke vermied und lieber einen Umweg nahm. Als er sich nach dem Grund dafür erkundigte, antwortete Borges: »Der Ort macht mir angst und birgt für mich schmerzliche Erinnerungen.«

Eines Tages tauchte in Buenos Aires ein Journalist der Klatschzeitschrift *Hola* bei ihm auf. An einem Besuch bei dem Mann, der, ohne ein offizielles Amt zu bekleiden, der berühmteste Vertreter seines Landes war, führte kein Weg vorbei. Dabei handelte es sich gar nicht um ein Interview mit ihm: *Hola* dachte nicht im Traum, daß Borges der Zeitschrift Spannendes mitzuteilen hätte; ein gewaltiger Irrtum. Die köstlichen Geschichten, die Borges erzählt hätte, wären von philosophischen Tiefsinnigkeiten meilenweit entfernt gewesen. Jedenfalls besuchte der Journalist Borges in seiner Wohnung und schrieb darüber ein paar Zeilen, in denen er »die Treppenaufgänge, die Galerien und die Balkons« mit Blick auf die Plaza San Martín erwähnte.

Offenbar hatten Borges' Ruhm und Charisma den spanischen Journalisten so beeindruckt, daß er den Hauseingang der kleinen, keineswegs luxuriösen Wohnung wenige Schritte vom

Platz entfernt mit dem alten Palacio Anchorena verwechselte, in den damals gerade das Außenministerium eingezogen war. Auch dort war der Journalist gewesen, und in der Erinnerung brachte er die beiden Gebäude durcheinander. Rückblickend war nur ein Palast mit Freitreppen und abfallenden Gartenterrassen Borges' Bedeutung angemessen.

Ich erzählte die Geschichte zwei Freundinnen aus Uruguay, die Borges weder persönlich noch als Schriftsteller kannten, aber von seiner Berühmtheit beeindruckt waren.»Was hat Borges für eine Wohnung?« fragte erwartungsvoll die eine.»Eine Wohnung wie tausend andere«, antwortete ich. Das Gesicht meiner Freundin verdüsterte sich. Sie hatte sich von meiner Antwort etwas anderes erhofft:»Ein modernes großes Appartement mit großen Fensterfronten, über jeden Vergleich mit dem alten Palast an der Plaza San Martín erhaben.«

Diese kindischen Anekdoten verdeutlichen, wie wenig die Leute bereit waren, in Borges einen normalen Menschen zu sehen. Die Münze, die er in einer Eckkneipe als Wechselgeld ausgehändigt bekam, hatte er in einen magischen Gegenstand verwandelt. Für die Öffentlichkeit war er ein Zauberer. Wie er im Geiste eine Atmosphäre schuf, erschufen sich ihn die Leute, wie sie ihn sehen wollten.

Als er Anfang der sechziger Jahre aus den Vereinigten Staaten zurückkehrte, hatte er sich ein Bild von dem Ausmaß seiner Berühmtheit machen können. Schon damals wußte er, daß es ihm nicht bestimmt war, als weitgehend unbeachteter, von einem kleinen Kreis von Lesern bewunderter Schriftsteller und Angestellter einer Vorstadtbibliothek zu enden. Er war überrascht gewesen, welchen Eindruck er auf die nordamerikanischen Studenten gemacht hatte, von denen er mit einer gewissen Geringschätzung sprach.»Sie wissen noch nicht einmal, wer Bernhard Shaw ist«, sagte er mir. Aber der warme Empfang, der ihm bereitet wurde, und die Herzlichkeit, mit der die Leute auf ihn reagierten, hatten ihn begeistert. Worüber er freilich das Scherzen nicht verlernte:»Die Literatur ist auf den

Hund gekommen, Estela... das beweist schon die Tatsache, daß die mich zur Kenntnis nehmen!«

Als Borges den *Zahir* schrieb, hatte er noch die Hoffnung, glücklich zu werden, sich als Mensch und als Mann zu verwirklichen. Aber selbst in diesem Moment, als er das Glück in greifbarer Nähe zu haben schien, nahm es einen phantastischen, abschreckenden Ausdruck an. Das Glück war eine Gunst, die aus einer anderen Welt stammte, und der Zahir die Münze, die ihn der Hölle entreißen konnte, in der er gefangen saß und die zu verlassen er sich fürchtete. Er fand aber auf anderem Wege ins Freie, weil das Leben viel unberechenbarer ist, als es sich selbst Borges vorstellen konnte.

Das Aleph

Das Aleph ist mir von Borges gewidmet worden. In einem seiner Briefe schrieb er mir, es solle »das erste einer langen Reihe« sein; das Schicksal hat es anders gewollt. In dieser dann doch nicht »langen Reihe« folgten nur noch *Der Zahir* und *Die Inschrift des Gottes*. Den *Zahir* aber widmete er Wally Zenner, *Die Inschrift des Gottes* Ema Risso Platero, seinen Freundinnen in kummervollen Tagen.

Er kam zu mir mit einem vor lauter Tintenflecken und Streichungen fast unleserlichen Manuskript und diktierte es mir in die Maschine. Das Original verblieb bei mir, und die getippten Blätter gingen an die Zeitschrift *Sur*, in der die Erzählung veröffentlicht wurde. 1949 erschien sie zusammen mit anderen Texten in einem Band, der ihren Titel trug.

Borges sprach von den Fortschritten, die er mit dem *Aleph* gemacht habe, und während er mir diktierte, mußte er über die Verse, die er Argentino Daneri in den Mund legte, schallend lachen.

Erinnern wir uns kurz an die Handlung des *Aleph*, das wie *Der Zahir* in der Ich-Form geschrieben ist, was ihm im Vergleich mit anderen Erzählungen einen persönlicheren Charakter verleiht. Der Text beginnt mit der Erinnerung des Erzählers (»Borges«) an einen strahlenden Februarmorgen im Jahr 1929. An diesem Morgen war die Frau, die er liebt, war Beatriz Viterbo gestorben, und in den ausgetauschten Reklametafeln am Bahnhof Constitución hatte er einen ersten Hinweis auf die Entfernung gesehen, welche die Zeit zwischen Beatriz und ihn legen würde. Ihr Vetter, der groteske Poet Carlos Argentino Daneri, der mit Beatriz und ihrem Vater in einer gemeinsamen Wohnung gelebt und sie ebenfalls geliebt hat, erzählt Borges an einem der Jahrestage ihres Geburtstags (zu denen sich Borges in treuer Verbundenheit alle Jahre in ihrem Haus einfindet), daß er an einem Gedicht schreibe, das die ganze Welt enthalten werde.

Eines Tages teilt ihm Daneri aufgeregt mit, daß man das Haus im Stadtteil Constitución abreißen wolle und daß dabei etwas zerstört werde, das sich in seinem Keller befinde – das Aleph –, in dem alle Dinge des Universums zu sehen seien. Vielleicht aus Verzweiflung über das mögliche Verschwinden des Aleph ist Carlos Argentino bereit, ihn ins Vertrauen zu ziehen und es ihm zu zeigen. Um das Aleph zu sehen, muß sich Borges in der Dunkelheit des Kellers ausstrecken und dort unbeweglich liegen bleiben, was er auch tut. Es kommt der Moment, wo ihn die Angst überfällt, Daneri habe ihn in eine Falle gelockt. Dann aber sieht er das Aleph – einen leuchtenden Punkt, in dem er das Universum in allen seinen Einzelheiten erblickt. Als er den Keller verläßt, sagt er Daneri, *daß er nichts gesehen hat.*

So lautete die erste Version des *Aleph.* Die zweite, endgültige Fassung in den *Obras Completas* von 1974 gibt sich gemäßigter und indirekter. Borges leugnet nicht, das Aleph gesehen zu haben; seine Antwort ist zweideutig. Er spielt seine Bedeutung herunter. Für Carlos Argentino bleibt ungewiß, ob er es gesehen hat oder nicht. Jedenfalls gibt er ihm das Gefühl, daß es nicht die Tragweite besitzt, die er ihm verliehen hat. Das Aleph zu schmälern oder zu leugnen, ist Borges' Rache. In beiden Fassungen geht es ihm darum, etwas zu verheimlichen.

Auch *Das Aleph* ist die Geschichte einer mystischen Erfahrung. Borges benutzt Carlos Argentino als eine erste scherzhafte Tarnung, mit der er uns von dem abzulenken versucht, was sich hinter ihm verbirgt, wodurch er wie ein Leitkörper fungiert. In der endgültigen Fassung erinnert der Erzähler abschließend daran, daß das Aleph der erste Buchstabe des hebräischen Alphabeths ist.

In *Der Tod und Kompaß* werden nacheinander die Buchstaben des Heiligen Namens ausgesprochen, der nicht ausgesprochen werden darf. Im *Aleph* dagegen geht Borges nicht über den ersten Buchstaben hinaus. Und muß es nicht tun: Dieser erste Buchstabe ist das Ganze. Es genügt die Anspielung auf Gott, damit Gott in uns ist. Ihn obendrein beim Namen nennen, bringt den Tod. In der Andeutung des Namens beginnt die »Ekstase«. Die Mystiker berichten von Erfahrungen, in denen sie für Augenblicke die körperliche Welt transzendiert haben. Im *Aleph*, in jenem Keller eines Hauses in der Calle Garay, erfährt der Erzähler diese Form der Ekstase. Sie bedeutet, nicht länger Sklave seiner Sinne zu sein und alle Dinge so zu sehen, wie Gott sie sieht. Und es wird so sein, daß die Ekstase in Intensität und Teilhabe dem Eintritt des Orgasmus ähnelt, dem Moment, in dem zwei Wesen nicht länger zwei, sondern eins sind. Borges jedoch erblickt in ihr mehr als die Lust augenblickshafter Befreiung; er sieht die Welten, in die ihn diese Befreiung führen kann, die Begegnung, das Einssein mit dem Kosmos. Vielleicht war ihm nicht klar, bis zu welchem Punkt seine Wahrnehmungen mystischer Natur waren, oder er wollte es zumindest nicht wissen, oder wollte nicht, daß andere es wissen. Vielleicht konnte er diese Teilhabe in der Liebe finden, aber er fürchtete die Liebe. Die Liebe bedeutet ein Durchbrechen der Schranken. Er ahnte, daß er mit dieser Erfahrung allein sein würde. Beatriz hatte ihn *vor* der miteinander geteilten Erfahrung betrogen. Vielleicht war Beatriz auch nur ein Vorwand, um zu dieser Erfahrung zu gelangen.

Schließlich ist da noch die Angst vor dem Aussprechen des göttlichen Namens. Dieses jüdische Verdikt war in Borges tief verwurzelt. Der magische Gegenstand, in dem das gesamte Universum sichtbar wird, hätte jeden beliebigen Namen tragen können, doch Borges entschied sich für den ersten Buchstaben des Unsagbaren. Und auf diese Weise erschließt die Erzählung eine transzendente Ebene, ein Gebiet, auf das wenige sich vorwagen.

Borges im Zoo von Buenos Aires, 1983

Die Inschrift des Gottes

DEN EINFALL ZU DER *Inschrift des Gottes* hatte Borges an einem Herbstmorgen, als wir im Zoologischen Garten spazierengingen. Das einzige, wofür er sich dort interessierte, war das Raubtiergehege. Insbesondere ein majestätischer bengalischer Tiger hatte es ihm angetan, der zwischen einem düsteren, feuchten Innenraum und dem Freigehege hin und herwechselte, mit seinem Geruch nach Urin, verfaultem Pferdefleisch und gequälter Kreatur.

Borges begann von einem Mann zu erzählen, der in einem Kellerloch gefangen gehalten wird. Seine Nahrung erhält er durch eine Luke, und durch diese Luke fällt jeden Tag für einige Sekunden Licht herein. In diesem Licht sieht er einen Tiger unermüdlich auf und abschreiten. Der Mann vermutet nun, daß die Streifen des Tigers eine göttliche Botschaft enthalten. Der Aufgabe, sie zu entziffern, widmet er sein Leben. Fortan ist sein Kerker kein Kerker mehr, er selbst nicht länger ein Gefangener. Indem er versucht, die Streifen zu entziffern, die darin verborgenen Worte zu lesen, fühlt er sich frei – so wie der gelähmte Funes auf seinem Feldbett.

Nach Borges' Beschreibung stellte ich mir die Erzählung bildlich vor, aber ich dachte sie mir in Indien, woher die prächtige Raubkatze stammte. Wir drehten noch ein paar Runden durch den Zoo, aber er hatte das Interesse bereits verloren. Nachdem wir mit einer gewissen Gleichgültigkeit die Kondore und Adler in ihrem Pavillon betrachtet hatten, verließen wir den Tierpark.

Als er die Erzählung niederschrieb, veränderte Borges einige

Teile, ließ andere wegfallen. Der endgültige Text war nicht mehr der, den er mir erzählt und den ich mir vorgestellt hatte. In *Die Inschrift des Gottes* ist der Protagonist ein aztekischer Priester und Gefangener eines Spaniers namens Pedro de Alvarado. An die Stelle der lichten brahmanischen Religion hat der Autor die blutigen aztekischen Riten treten lassen, hat die hoheitsvolle Erscheinung des Tigers durch die kleine und gedrungene Gestalt des nicht gestreiften, sondern gefleckten amerikanischen Jaguars ersetzt. Die Flecken erinnern den Priester an die Herzen in den geöffneten Leibern seiner Opfertiere. Er, der Zeremonienmeister einer in spiritueller Hinsicht eher dürftigen Religion, entdeckt schließlich das Geheimnis der göttlichen Inschrift. Und begreift, daß im Falle er dieses Geheimnis aussprüche, die Mauern, die ihn umgeben, verschwinden würden und er frei wäre. Aber wie im Fall von Zahir und Aleph, die abgelehnt bzw. geleugnet werden, spricht der Priester die Worte nicht aus. Das Wissen um seine Macht genügt ihm. Man kennt den Namen Gottes, der, wenn man ihn ausspricht, alles zu ändern vermag. Aber vielleicht ist es nicht der Mühe wert, ihn auszusprechen. Oder vielleicht wollte Borges seinen fehlenden Mut hinter einer demonstrativen Geringschätzung kaschieren.

Die Divergenz zwischen der mündlichen Version von jenem Morgen im Zoo und der veröffentlichten Fassung der Erzählung ist seltsam. Man spürt eine Abschwächung und freiwillige Preisgabe. In der ursprünglichen Version hatte der Gefangene das Geheimnis der göttlichen Inschrift nicht entdeckt, doch widmet er ihm sein Leben. In der endgültigen Fassung findet er das Geheimnis, benutzt es aber nicht.

Der Eindringling

VON DER ERZÄHLUNG *Der Eindringling* sprach Borges mir gegenüber erstmals in den fünfziger Jahren. Sie handelt von zwei Brüdern, die eine fast symbiotische Männerfreundschaft als Raufbolde und Messerstecher am Stadtrand von Turdera verbindet. Eines Tages gabelt einer der beiden eine Frau auf; als er das Interesse seines Bruders bemerkt, sagt er ihm, er solle sie ruhig »benutzen«. Eine Zeitlang teilen sie sich die Frau. Doch schämen sich beide ihrer Verliebtheit. Sie lösen das Problem, indem sie die Frau an ein Bordell verkaufen. Als aber einer der Brüder entdeckt, daß der andere – genau wie er selbst – sie weiterhin aufsucht, begreift er, daß mit diesem Störfaktor Schluß sein muß. Und um das gute Verhältnis zwischen ihnen zu retten, tötet er sie.

Diese Erzählung gehört zu den niederträchtigsten, die Borges geschrieben hat. Anders als im *Zahir* oder im *Aleph* verdankt sich das verbrecherische Ende keiner Suggestion. Im *Eindringling* gibt es keine magischen Gegenstände. Vielmehr signalisiert ihr Ambiente eine Rückbesinnung auf Texte wie *Mann von Esquina Rosada*, auf jenes Unterweltmilieu, das eine so große Anziehungskraft auf ihn ausübte und für seine schriftstellerischen Anfänge kennzeichnend war. Ganoven bildeten die einzige Unterschicht, die er gelten ließ.

Er setzte mir die Handlung der Erzählung auseinander, und ich weiß nicht warum, ich wurde ärgerlich. Vermutlich schokkierte mich, wie hier die Frau als bloßer Gegenstand verhandelt und ihr nicht einmal die Entscheidung für einen der Männer zugestanden wurde. Gefühl und Rücksichtnahme spielen sich ausschließlich zwischen den Brüdern ab.

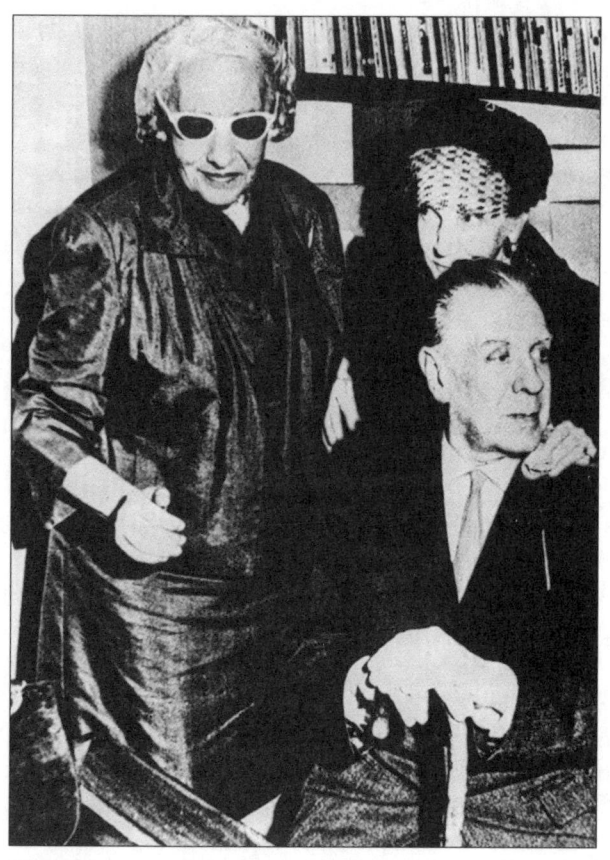

Victoria Ocampo mit Borges und seiner Mutter (vgl. S. 196)

Ich sagte ihm, die Erzählung mache auf mich einen unter-schwellig homosexuellen Eindruck, und glaubte – weil ihn jede Anspielung in dieser Richtung ziemlich beunruhigte – ihn da-mit zu beeindrucken. Aber so war es nicht. Er nahm das Epitheton (das er als fachsprachlichen Neologismus verab-scheute) gelassen auf. Er verteidigte die Handlung nicht ein-mal. Für ihn hatte sie nichts Homosexuelles. Er sprach unbeirrt weiter von dem Verhältnis der Brüder und von dem Schneid, den diese Sorte Menschen besäße, etc.

Immerhin schrieb er die Erzählung nicht sofort und ließ sie sich eine ganze Weile durch den Kopf gehen. Fallenlassen wollte er sie nicht – trotz meines abfälligen Urteils, sie sei erbärmlich, niederträchtig und des Erzählens nicht wert. Er gab recht viel auf meine Meinung, das schrieb er mir sogar. Fast immer lobte ich seine Texte rückhaltlos, und seine diesmalige Starrsinnigkeit enttäuschte mich. Borges sah die Erzählung mit völlig anderen Augen als ich. Als sie Jahre später veröffentlicht wurde, begriff ich, was mich an ihr so aufgebracht hatte. Offensichtlich ist *Der Eindringling* eine realistische Erzählung, die sich in einem Vorstadtmilieu abspielt. Den entscheidenden Hinweis aber gab Borges, als er seine Schwierigkeiten schilderte, dem Text seine abschließende Form zu geben. Wahrscheinlich hatte er sie seiner Mutter diktiert und ihr seine Unentschiedenheit bezüglich einer adäquaten Auflösung auseinandergesetzt. Doña Leonor wußte Rat:»Beende sie auf die einfachste Weise. Es muß lauten: ›An die Arbeit, Bruder. Nachher helfen uns die Bussarde. Heut hab ich sie getötet. Soll sie hier bleiben mit ihrem Plunder. So richtet sie keinen Schaden mehr an.‹«

Das war Doña Leonors Beitrag zu der Erzählung. Und der Autor schloß mit den Worten:»Sie umarmten einander, fast weinend. Nun hielt sie ein weiteres Band: die trostlos geopferte Frau und die Verpflichtung, sie zu vergessen.«

Enge Freunde von Borges pflegten sich kritisch über sein Verhältnis zur Mutter zu äußern, über ein erdrückendes Verhältnis, das Analytiker als »kastratorisch« bezeichnen würden. Im *Eindringling* zeigt sich das Wesen dieses Verhältnisses, das ganz den Charakter einer männlichen Beziehung besaß. Darum hatte er keinen Moment lang das Gefühl, es könnte Homosexualität darin eine Rolle spielen. Die schurkischen Brüder der Erzählung bringen zum Ausdruck, wie Borges im Unterbewußtsein das Verhältnis zu seiner Mutter empfand. Es war kein zärtliches Verhältnis, eher eine Art Blutsbrüderschaft unter Männern, die auf geheimen Regeln basierte, die nicht einmal den

Beteiligten selbst völlig verständlich waren. Es war kein vernünftiges Verhältnis, es gehorchte höherer Weisung. Sicher ist, daß Leonor Acevedo diese Sorte Erzählungen den anderen, phantastischen, vorzog. Und von dem Moment an, da er auf sie als Vorleserin angewiesen war und sich für ihn nach einer ganzen Reihe fehlgeschlagener Liebesabenteuer der literarische Erfolg einstellte, festigte sich diese Blutsbrüderschaft. Leonor Acevedo, die sich immer diskret im Hintergrund gehalten hatte, beherrschte nun, da alle Eindringlinge beseitigt waren, die Szene.

Wenn er der Seite seiner Mutter zuneigte, waren Gauchos, Messer und Lanzen die Folge; im Phantastischen dagegen lag seine Befreiung. Aber regelmäßig verließ ihn der Mut, sei es die Münze zu behalten oder das Wort auszusprechen. Und so leugnet er auch, das Aleph gesehen zu haben.

Die Koketterie von Leonor Acevedo im Umgang mit ihrem Sohn hatte etwas grundsätzlich Burschikoses. Als sie sich noch in hohem Alter einer Operation unterziehen mußte, rief sie, kurz bevor sie unters Messer kam, Georgie mit markiger Stimme zu:»Unitarische Wilde!«*. Die Anekdote erzählte mir Borges, von ihrer Unerschrockenheit sichtlich bewegt. Noch am Rande des Todes wollte die Achtzigjährige dem Sohn ein letztes Bild der Tapferkeit abgeben.

Die»unitarische Wilde« überlebte die Operation um etliche Jahre. Diese Frau, Leonor Acevedo, die auf all jene zerbrechlich wirken mußte, denen die Willenskraft und gespannte Aufmerksamkeit ihrer funkelnden schwarzen Augen entging, schuf in ihrem Haus eine befremdliche Atmosphäre mit ihrem Kult der Messerhelden und Vorstadtganoven, die für sie das Sinnbild von Männlichkeit waren. Nichts konnte in das Verhältnis der beiden Brüder der Erzählung eindringen. Die Brutalität der letzten Worte des einen ist insofern erschreckend, als der»Eindring-

---

* Die Unitarier waren die Liberalen, die im 19. Jahrhundert gegen den Tyrannen Rosas kämpften.»Unitarische Wilde« war der Kampfruf von Rosas' Schergen, wenn sie über die Unitarier herfielen.

ling« nicht als Störenfried beseitigt wurde, sondern aus Haß. »An die Arbeit, Bruder. Nachher helfen uns die Bussarde.« Der ältere erinnert den jüngeren Bruder, daß nur die Arbeit zählt; die Frau, dieses »Ding«, war gerade gut genug, den Aasfressern der Pampa als Nahrung zu dienen.

Und natürlich endet alles in einer großen Umarmung, mit der Versöhnung und Verständigung dieses seltsamen Paares. Jede Person oder Sache, die sich zwischen sie drängt, ist ein »Eindringling« – Blendwerk, das nicht ist, weil es nicht sein kann und darf.

Die Eindringlinge im Leben von Jorge Luis Borges kamen und gingen. In einigen Fällen, wie in dem meinen, litt er unter der Situation, weil sie die Wirklichkeit streifte. In anderen hielt er die Dinge gehorsam in jenem Rahmen, den Leonor Acevedo tolerierte.

Estela Canto

Die Jahre danach

ES GEHÖRT ZU DEN EIGENTÜMLICHKEITEN des Werkes von Borges, daß sich jedes seiner Bücher mit einer Gruppe von Menschen verbindet, die das Umfeld einer bestimmten Frau bilden. Auf seine Weise war Borges ein *homme à femmes*. Die biographischen Skizzen der *Universalgeschichte der Niedertracht* sind in die Atmosphäre von S. D. getaucht, die Erzählungen in dem Band *Das Aleph* in die von E. C. So als hätte er sich nicht bloß in eine Frau verliebt, sondern in das Ambiente, das diese Frau umgibt. Eine Zeitlang suchte er bei einigen meiner Freundinnen ein Echo von mir. Nie brach er eine Beziehung vollständig ab, und wenn sich die Liebe zu einer Frau verlor, blieb er in die poetischen Momente »verliebt«, die er mit ihr erlebt hatte.

1949 suchte ich auf seine Bitte hin erneut Cohen-Miller auf. Das Gespräch erbrachte nichts Neues. Der Analytiker wiederholte lediglich, was er mir bereits gesagt hatte, wenngleich mit einem gewissen Unmut, der sich auch auf mich und vielleicht sogar auf Borges selbst erstreckte: Es ist nicht unwahrscheinlich, daß er mir grollte.

Eines Nachmittags im Sommer 1950 erschien Borges bei mir zu Hause und sagte, ich solle mich fertigmachen, er würde mich in zwei Stunden mit dem Taxi abholen, wir führen nach Constitución und von dort mit dem Zug auf das Landgut der Bioys in Pardo, im Herzen der Provinz Buenos Aires.

Er schrieb damals gerade mit Bioy Casares an dem Drehbuch zu einem Film und wollte den Aufenthalt zur Arbeit nutzen. Ich wandte ein, die Bioys hätten mich nicht eingeladen, aber er erwiderte, das mache nichts, er habe diesen Morgen mit Adolfito gesprochen und die Bioys würden sich freuen. Ich war meinerseits neugierig, ein solches Anwesen näher kennenzulernen. Wir kamen an. Adolfito erwartete uns am Bahnhof, und wie Georgie versichert hatte, zeigte er sich erfreut, mich zu sehen. *Rincón Viejo* ist ein Landgut wie viele andere in der argentinischen Pampa, mit niedrigen Häusern, die mit der Ebene zu verschmelzen scheinen. Es schloß einen großzügigen Garten ein, und an einem der Ausläufer stand ein Gästehaus mit zwei, durch einen Flur verbundenen Zimmern, zwischen denen sich ein Bad befand. Selbstverständlich hingen an den Wänden des Flurs und der Räume Regale mit Büchern. Mein Zimmer war geräumig, hatte ein Doppelbett, und durch ein vergittertes Fenster drangen der Gesang der Grillen und der Geruch der feuchten Erde herein.

Der erneute Besuch bei Cohen-Miller, und daß ich mehr oder weniger entführt worden war, ließ mich annehmen, daß Borges bestimmte Absichten hegte. Ich hätte erwartet, daß er zum Plaudern in mein Zimmer gekommen wäre, aber er tat es nicht. Er verabschiedete sich an der Tür meines Schlafzimmers mit einem knappen »Gute Nacht«, das für mehr keinen Raum ließ.

Am folgenden Morgen nahmen wir unser Landleben auf. Die Eltern von Adolfito, Doktor Adolfo Bioy und Marta Casares, waren ebenfalls zugegen. Der Monat, den ich dort verbracht habe, ist mir in sehr angenehmer Erinnerung geblieben. Man brachte mir das Frühstück ans Bett, ein Luxus, den ich bis dahin und auch später nur in Hotels genossen habe. Gleich anschließend lief ich in den Garten, wo Silvina und ich mit einem Medizinball spielten. Mehrmals suchten wir Georgie zum Mitspielen zu bewegen. Er tat es nur widerwillig. Meist fiel ihm der große Ball aus den Händen. Der Grund war nicht sein schlechtes Sehvermögen, sondern gleichsam der Wille, nicht teilzunehmen, der sich seiner bemächtigt hatte, kaum daß wir in *Rincón Viejo* angekommen waren.

Obwohl er das Wasser liebte, kam er nie mit, wenn wir in dem großen Wasserreservoir schwimmen gingen. Am frühen Nachmittag ritten Silvina und ich gemeinsam aus. Borges begleitete uns nie und interessierte sich nicht für meine Fortschritte als Reiterin. Den Nachmittag über arbeiteten die beiden Männer an dem Drehbuch. Auch von Doktor Bioy hielt Borges sich fern, obwohl er eine aufrichtige Sympathie für ihn empfand. Dennoch sollte sich etwas ereignen, daß uns körperlich näher brachte. Wir befanden uns im Jahr 1950 und es sollte noch zehn Jahre dauern, bevor Fidel Castro und die Beatles Bärte und Pilzköpfe in Mode brachten. Marta Casares, die vornehme, äußerst kultivierte und schöne Mutter von Adolfito, war ein wenig schockiert über Georgies Bart, der – wie auf einigen Stichen der Bart von Sancho Panza – nach vier oder fünf Tagen einem Stoppelfeld zu gleichen begann.

Eines Nachmittags nahm Adolfito mich beiseite und sagte mir, daß Georgies verwahrloster Bartwuchs seiner Mutter unangenehm sei. In Buenos Aires hatte Borges einen Barbier, der jeden Morgen ins Haus kam, um ihn zu rasieren, weil er selbst das nicht konnte. Adolfito fragte mich:»Würdest du es dir zutrauen?« Ich sagte, wenn er mir nur genau erklären würde, wie ich dabei vorgehen müsse, wolle ich es tun. So geschah es dann auch.

Am folgenden Morgen brachte man mir eine Waschschüssel, Seife, Handtücher und ein Rasiermesser. Georgie leistete keinen Widerstand. Ich tat mein Bestes, immer wieder überrascht, wie viele Schlupfwinkel sich der Bart eines Mannes sucht. Oft glaubte ich die Arbeit schon beendet, da stieß ich erneut auf haarige Stellen unter der Nase, bei den Ohren, am Hals... Diese gewagte Operation wiederholte sich zwei- oder dreimal; dann fand sich für mich ein geigneterer Ersatz. Es aber war der intimste körperliche Kontakt, zu dem es zwischen Jorge Luis Borges und Estela Canto kommen sollte.

Zwischen 1944 und 1949 hatte ich sämtliche Petitionen, Aufrufe und Protestnoten gegen den vor unseren Augen heraufziehenden Faschismus unterschrieben, die in den liberal gesinnten Intellektuellenkreisen kursierten. Genau wie sie war ich eine leidenschaftliche Anhängerin der Alliierten und haßte den Peronismus, den ich für eine Fortsetzung des Faschismus hielt. Wie man sich denken kann, verabscheute ich den Krieg und war entsetzt über die Konzentrationslager; diese Gefühle gewannen zusätzliche Schärfe durch den Umstand, daß ich in einem Land lebte, das mit den Nazis sympathisierte und klug das Ende des Krieges in Europa und den Selbstmord Hitlers abgewartet hatte, bevor es den Achsenmächten den Krieg erklärte. All das war beschämend.

Als sich daher eine Gruppe von Frauen meine Unterschrift für einen Friedensappell erbat – für den Stockholmer Appell, glaube ich –, zögerte ich keine Sekunde. Natürlich blieb mir nicht verborgen, daß hinter dem Appell die Sowjetunion stand. Ich empfand große Bewunderung für den heldenhaften Kampf des russischen Volkes gegen Nazideutschland, auch wenn mir vieles an der UdSSR nicht gefiel. Hier aber unterschrieb ich für den Frieden. Ich dachte nicht entfernt daran, daß diese unschuldige Unterschrift einen solchen Einfluß auf mein Leben haben würde.

Als ich im März 1950 von Bioys Landgut zurückkehrte, beantragte ich ein Visum für die Vereinigten Staaten. Mein Bruder, der inzwischen bei den Vereinten Nationen arbeitete, hatte mich dorthin eingeladen, und es gab viele persönliche Gründe, warum ich mir wünschte, die USA zu besuchen. Mit dem Sieg Peróns war das intellektuelle Klima in Argentinien an einen Tiefpunkt gelangt. Ich brauchte eine Luftveränderung, wollte einige unangenehme persönliche Erfahrungen vergessen.

Noch heute erinnere ich mich an die ärgerliche Miene des sympathischen Konsuls der Vereinigten Staaten – ich glaube, sein Name war Stephen Winthrop –, der mich in seinem Büro über der Bank of Boston empfing. Zwei Monate waren vergangen, seit ich meinen Visaantrag eingereicht hatte. *Mister* Winthrop bedauerte außerordentlich, mir sagen zu müssen:»Ihr Antrag ist abgelehnt worden.« Bis heute schäme ich mich für die beiden Tränen, die mir die Nachricht entlockte. Mühsam gefaßt verließ ich das Büro. Aber mir war eins klar geworden: Die große Freiheitsverteidigerin USA sprach mir das Recht ab, den Krieg für eine Abscheulichkeit zu halten. Die Verweigerung des Visums war eine Strafe für uns unbotmäßige Einheimische, die wir es wagten, von unserem freien Willen Gebrauch zu machen. Ich fühlte mich weniger gedemütigt, als wütend. Diese Wut trieb mich in das entgegengesetzte Lager.

An jenem Nachmittag war ich in nördlicher Richtung auf der Florida unterwegs und machte einen Besuch bei María Rosa Oliver. Als militante Kommunistin wunderte sie sich nicht im geringsten über das Geschehene. Und ich begann, einige Dinge etwas besser zu verstehen.

Am Abend war ich zum Essen im Hause Bioy, wo ich, anders als bei María Rosa, auf kein spontanes Verständnis stieß. Adolfito und Silvina – und womöglich unter ihrem Einfluß Borges – zeigten sich nicht entrüstet, wie ich vorausgesehen hatte, und wechselten lieber das Thema. Ich habe den Vorfall ihnen gegenüber nie wieder erwähnt.

Mir fielen daraufhin einige unscheinbare Vorkommnisse aus den letzten Kriegsmonaten wieder ein. Die deutsche Verteidigungslinie war zusammengebrochen, und zur Feier des Ereignisses fand in der englischen Buchhandlung Mackern's ein Treffen statt, zu dem die bedeutendsten Schriftsteller des Landes sich eingefunden hatten. Die Buchhandlung war mit englischen, US-amerikanischen und französischen Fähnchen geschmückt. Mir fiel auf, daß man kein einziges sowjetisches Fähnchen dekoriert hatte, und ich fragte den Geschäftsführer von Mackern's nach dem Grund für die fehlende Ehrung dieses nicht ganz unbedeutenden Alliierten. Er gab mir zur Antwort:»Ich habe sie weggelassen, weil ich befürchtete, sie könnten Mißfallen erregen.«»Aber sie sind doch alle Alliierte!« rief ich in seliger Unschuld und warf einen Seitenblick auf die Eingeladenen, unter denen sich María Rosa Oliver und Enrique Amorim befanden. Ich fragte den Geschäftsführer, ob er nicht Fähnchen mit Hammer und Sichel besäße. Er bejahte, sie befänden sich im Keller und er könne welche heraufholen, wenn ich es wünschte. Und das tat er dann auch, kam mit einigen roten Fähnchen zurück und steckte sie neben die anderen, ohne daß jemand auch nur die geringste Bemerkung gemacht hätte. Ich vermute, daß derartige Gesten mehr als jede konkrete Militanz bewirkten, daß man in mir eine Rote sah.

Meinen Freunden gegenüber schimpfte ich weiterhin über die verbohrte Haltung der Nordamerikaner, mir das Visum zu verweigern. Nicht immer stieß ich auf Zustimmung. Einige Leute meinten, ich täte unrecht daran, mich über diesen Punkt auszulassen, ich solle mich schuldig fühlen und in mich gehen – eine in Argentinien häufig anzutreffende Einstellung, die in dem Land, das mir das Visum verweigerte, unverständlich wäre: In den Vereinigten Staaten werden die Dinge ans Licht gebracht, und wenn sie noch so unangenehm sind; in der Sowjetunion wird verschwiegen und verheimlicht, und darin ähnelt das westliche, offiziell christliche und einfältige Argentinien sehr viel mehr der verteufelten UdSSR als dem Großen Bruder im Norden, dem man sich ohne Widerrede zu fügen hat.

Zwei Wochen später bekam ich Besuch von zwei Vertreterinnen der Friedensbewegung. Eine von ihnen war eine bekannte Malerin. Sie sagten mir, in Sheffield werde ein Friedenskongreß stattfinden, und luden mich ein, teilzunehmen. Ich sagte zu.

Der Kongreß fand schließlich nicht in Sheffield, sondern in Warschau statt, wo ich vierzehn Tage verbrachte. Weder der graue Himmel, noch das schon im November einsetzende Frostwetter, die in Trümmern liegende Stadt oder die in den Straßen hart arbeitenden Frauen vermochten die auf diesem Kongreß herrschende Begeisterung zu ersticken oder auch nur abzuschwächen. Ich fühlte die Entschlossenheit, mit der sich die Völker dem Frieden und dem Leben zuwandten.

Auf dem Rückweg kam ich durch Prag. Die zauberhafte Barockstadt beeindruckte mich weit weniger als das zerstörte Warschau. Von Paris aus trat die argentinische Delegation die Rückreise an, ich blieb. Ein Jahr lang hielt ich mich in Europa auf; während dieser Zeit schrieb ich Borges nur einen einzigen Brief aus Ravenna, vom Grabmal Dantes. Er wußte diese Reverenz sehr zu schätzen. Vermutlich hätte ich in Europa bleiben können, aber meine Mutter war sehr krank. Mein Bruder, der sich mir angeschlossen hatte, und ich beschlossen zurückzukehren. 1954 starb meine Mutter. Bioys waren in Europa, wo sie eine Tochter adoptiert hatten. Borges kam mich besuchen und wir machten einen Spaziergang zur ersten Brücke über die Gleisanlagen von Constitución. Ich litt sehr unter meinem Verlust und hätte mir gewünscht, daß Borges, der oft mit meiner Mutter geredet hatte und sich von ihr über seine unglückliche Liebe zu mir hatte hinwegtrösten lassen, von meiner Mutter gesprochen, irgend etwas über sie gesagt hätte. Es war unmöglich, mich aus meiner Stimmung zu reißen. Ich nehme an, er wollte mich auf andere Gedanken bringen, aber diesmal gingen seine literarischen Spiegelfechtereien, Einfälle und witzigen Wendungen ins Leere. Ich wollte und konnte mich von meinem Schmerz nicht ablenken lassen und empfand jeden Versuch in dieser Richtung als Angriff auf meine innersten Gefühle.

1955 stürzte Perón. Der Winter ging zu Ende und auf den Straßen im Zentrum von Buenos Aires herrschte Hochstimmung. Nach einigen stürmischen Tagen, die Borges in einem hochtrabenden Gedicht als »die epischen Septembergüsse« bezeichncte, kam eine strahlende Frühlingssonne zum Vorschein, und der gebildete, besitzende und studentische Teil der Bevölkerung sammelte sich zu Demonstrationen, an denen sich auch die Kirche beteiligte – sie zählte damals zu den Gegnern Peróns, der ein Gesetz durchgebracht hatte, das die Einrichtung einer großen Gartenstadt der käuflichen Liebe nebst Pensionsberechtigung für die Prostituierten und anderen Errungenschaften vorsah; außerdem hatte er ein Scheidungsgesetz verabschieden lassen.

Auf der Plaza de Mayo wehten argentinische Fahnen, und Gruppen von Uruguayern – in Uruguay war der siegreiche Putsch über Radio verkündet worden – schwenkten die Fahnen ihres Landes, das sich seiner langwährenden, wenn auch schwachen Demokratie stolz bewußt war.

Das Wetter war der sichtbare Hoffnungsschimmer in den Herzen der Menschen. Die Leute sangen in den Straßen, die Studenten stimmten Parolen an, und als General Lonardi vom Regierungsgebäude herab seinen berühmten Satz »Weder Sieger, noch Besiegte« sprach, hatten wir alle den Eindruck, daß Argentinien wieder zu dem Land werden würde, das es immer hatte sein sollen, ein demokratisches, kultiviertes Land, das durch seinen Reichtum und seine Verdienste eine maßgebliche Rolle in der Welt spielen konnte.

Argentinien erwachte aus dem Alptraum ohrenbetäubender Demagogie. In der Begeisterung jener Tage ahnte niemand, daß die düsterste Epoche in der Geschichte des Landes noch bevorstand. Die Sieger gaben sich nicht mit ihrem Triumph zufrieden, sondern wollten sich an den Besiegten rächen. Diese wiederum waren sich ihrer Mehrheit bewußt und boykottierten die Projekte der Sieger. Nach zweimonatiger Regierungszeit zwang eine Palastrevolte General Lonardi zum Rücktritt. Lonardi war ein Vertreter der mächtigen klerikalen Kreise, persönlich ein angenehmer Mann mit nationalistischen Tendenzen, was ihn der breiten Bevölkerung nur sympathischer machte. An seine Stelle trat General Aramburu, ein Liberaler, der fünfzehn Jahre später mit einem grausamen Tod dafür bezahlen sollte, daß er es gewagt hatte, Perón zu ersetzen.*

Die wohlmeinenden Bevölkerungsschichten jedenfalls waren in ihrer Euphorie zuversichtlich, daß die Ordnung im Lande binnen weniger Monate wiederhergestellt sein würde.

* Aramburu, der 1958 als Präsident zurücktrat, wurde 1970 von einer peronistischen Untergrundorganisation entführt und ermordet.

Die Regierung rief zum Urnengang für eine verfassungsge-
bende Versammlung, um sich auf diesem Wege ein Bild von der
Stimmung im Volk zu machen. Die peronistische Partei war
selbstverständlich von der Wahl ausgeschlossen, und Perón rief
dazu auf, die Stimmzettel »weiß« zu lassen.

Die ersten Hochrechnungen brachten die Ernüchterung: Die
blanko abgegebenen Stimmen – im Volksmund der »Schnee-
sturm« genannt – überstiegen allein in der Hauptstadt die der
stärksten Partei mühelos um das Doppelte. Die Sache war eindeutig. Wenn die Demokratie war, was eine Demokratie sein
sollte – eine vom Volk für das Volk gewählte Regierung –, war es
um die angeblichen Demokraten schlecht bestellt, dann standen sie als Totalitaristen da. Borges, der »Mann von Urteilen,
Büchern und Gesetzen«*, schlug sich auf die Seite derer, die an
der Überzeugung festhielten, daß die Demokratie mit Feuer
und Schwert durchgesetzt werden müsse.

Zu jener Zeit unterzog er sich einer Augenoperation, die ihm
das Lesen unmöglich machte und ihn kaum mehr das Gesicht
seines Gegenübers erkennen ließ. Dies sowie die Tatsache, daß
er im Ausland mit aufsehenerregendem Erfolg übersetzt worden war, und einige fehlgeschlagene Amouren verstärkten die
Bindung an seine Mutter. Die »Revolution der Befreiung« – wie
der Militärputsch gegen Perón von seinen Protagonisten bezeichnet wurde – brachte ihm die Ernennung zum Direktor der
Nationalbibliothek.

Er war mit diesem Posten überglücklich, obwohl er für die
Bibliothek praktisch nichts tun konnte. Er hatte nicht die mindeste Vorstellung von Verwaltungsorganisation, und bei seiner
Sehkraft war an normale Arbeit nicht zu denken. Jedenfalls
fühlte er sich geehrt, die Nachfolge von Groussac** und Lugones anzutreten.

Die Revolution der Befreiung, die uns einander hätte näher

---

* Zitat aus *Mutmaßendes Gedicht*.
** Paul Groussac (1828-1929), aus Frankreich gebürtiger argentinischer
Schriftsteller und Historiker.

bringen sollen, entfernte uns. Ich schloß mich dem linken Lager an, wenngleich man sagen muß, daß die Linke in der Wirklichkeit des Landes kaum eine Rolle spielte. Ich war damals der Meinung, daß es für Argentinien nur dann ein Lösung gab, wenn es gelang, die peronistischen Massen zu integrieren. Die Alternative konnte bloß militärische Gewalt sein. Borges schloß sich den Ansichten seiner Mutter an. Er wünschte sich in das Argentinien von 1910 zurück und weigerte sich einzusehen, daß dies unmöglich war. Inzwischen wurde er mit Ehrungen überschüttet. Sein Ruhm wuchs unaufhörlich. An der Universität von Buenos Aires hielt er Vorlesungen zur altenglischen Literatur. An diesen Vorlesungen nahm auch eine junge Frau namens María Kodama teil, Tochter eines Japaners und einer Uruguayerin.

Im übrigen kam Borges mich wie gewöhnlich besuchen. Für einige Wochen lebte in gewissem Sinne sogar die *antica fiamma* wieder auf. Bei einem dieser Treffen sagte er mir, daß es ihm endlich gelungen sei, mit einer Frau zu schlafen – mit einer sehr hübschen Tänzerin. Das Verhältnis war allem Anschein nach von keiner größeren Tragweite, wenngleich ihr Name in irgendeiner Widmung auftaucht. Er sprach von ihr mit einer gewissen Scheu und einem Anflug von Scham. Sie gehörte nicht seinem Freundeskreis an, und das machte es ihm möglicherweise leichter. Denkbar auch, daß ihm ihre geringe Intelligenz seine Hemmungen nahm. Die Affäre war gleichsam ein Sprung ins Leere. In den folgenden zwanzig Jahren sprach er nicht wieder von ihr.

Kurze Zeit später erzählte er mir, daß er sich in eine andere Frau verliebt habe, diesmal in eine mit Verbindungen zu literarischen Kreisen. Er machte mit ihr eine Reise nach Chile und war nach eigener Aussage sehr verliebt; bald darauf aber heiratete sie einen anderen.

Er hegte Frauen gegenüber, in die er einmal verliebt gewesen war – oder es gewesen zu sein glaubte – und die sich anderweitig verheirateten, einen unversöhnlichen Groll. Man hätte meinen können, daß diese Frauen in einem imaginären Serail darauf zu warten hatten, daß er seine Wahl traf. Ich war keine Ausnahme. Mehr als das Politische entfernte uns die Tatsache meiner Verheiratung.

Von 1961 an jagte eine Auslandsreise die nächste. In den Tageszeitungen erschien eine Photographie von Borges und seiner Mutter in Texas: Leonor Acevedo, damals etwa fünfundneunzig Jahre alt, in aufrechter, trotzig abgewandter Haltung; Georgie, zweiundsiebzigjährig, beidhändig auf einen Stock gestützt, mit hoch erhobenem Kopf, wie jemand, der sich seiner Bedeutung wohlbewußt ist (vgl. S.82). Seit jenen Tagen ging mit den Gesichtszügen von Borges eine Veränderung vor. Das dicke, unförmige Gesicht wurde markanter, die Nase trat schärfer hervor, der Kopf richtete sich noch mehr auf, zugleich verlor sich das Grimassieren, mit dem der Erblindende eine Wahrnehmung zu fixieren suchte. Eine heitere Gelassenheit trat in seine Züge und es schien, als würden die Augen durch ihren Nebel hindurch etwas erkennen. Es ist wahr, eines der Augenlider hing auf ominöse Weise herab, doch verstärkte sich mit der Zeit der Ausdruck heiterer Gelassenheit. Er wurde insgesamt schlanker, seine Gestalt fast filigran. Fünfzehn oder zwanzig Jahre später erreichte sein Körper einen Zustand totaler Vergeistigung, die asketische Erscheinung eines buddhistischen Mönchs.

Der körperliche Wandel setzte ein mit jener ersten Reise in die Vereinigten Staaten 1961. Er selbst machte mir gegenüber mehrere diesbezügliche Bemerkungen, vielleicht weil er von meiner Vorliebe für magere Körper erfahren hatte: »Donnerwetter! Was war ich für ein unansehnlicher Mensch! Und wie fett ich war!« Später erfuhr ich, daß überall in den USA, wo er Vorträge hielt, die Säle hoffnungslos überfüllt waren. Als wäre er ein Filmstar, heftete sich am Ausgang eine begeisterte Menge an seine Fersen.

Der Erfolg gab Borges Selbstbewußtsein. Er erschien mit der Zeit milder, auch glücklicher. Seine jähen Prankenhiebe wurden seltener. Etwas desorientiert, schwindelig noch und ohne recht zu wissen, wie ihm geschah, machte der Tiger seine ersten Schritte in Freiheit.

Borges, der sehr freigebig war im Umgang mit Geld, besaß jetzt genug, um sich nicht mehr einschränken zu müssen; dennoch blieben seine Ausgaben bescheiden. Da es ihm immer mehr zur Last wurde, auf die Straße zu gehen – nicht allein aufgrund seines schlechten Sehvermögens, sondern wegen der Leute, die ihn küssen, berühren, seine Hand drücken wollten oder ihn um ein Autogramm baten –, machte er es sich zur Gewohnheit, an den Morgenden auf unprätentiöse Weise in seiner Wohnung Audienz abzuhalten. Weder ihm noch Doña Leonor, das sei zu ihrer Ehre gesagt, kam der Gedanke, in eine Wohnung umzuziehen, die seiner immer noch wachsenden Berühmtheit angemessener gewesen wäre. Sie besaßen wohl jetzt die Mittel dazu, aber für Prunk hatten weder Mutter noch Sohn etwas übrig.

Krönender Höhepunkt für Doña Leonor war der Tag, an dem niemand Geringeres als Victoria Ocampo, die – wie eine Königin – nicht einmal ihre allerengsten Freunde besuchte, die Wohnung betrat. Das Ereignis wurde auf zahlreichen Photographien festgehalten, die wiederholte Male in den Tageszeitungen erschienen und die Illusion nährten, sie und Borges seien bestens befreundet. Auf den Photos sieht man Borges die Hände auf den Stock gestützt dasitzen, mit halb gelangweiltem, halb abwesendem Gesichtsausdruck; Victorias Haltung wirkt beflissen. Und neben ihr funkeln die Augen von Doña Leonor: Endlich wurde ihr die Reverenz erwiesen, die sie immer verdient zu haben glaubte. Der prominenteste Punkt der Plaza San Martín war nicht der gewaltige, in ein Militärkasino umgewandelte Palacio Paz, nicht der Palacio Anchorena, in dem das Außenministerium untergebracht war, und nicht das prunkvolle Plaza Hotel. Das eigentliche Zentrum des Platzes befand sich rund fünfzig Meter abseits im fünften Stock der Calle Maipú 994. Von dort aus steuerte, vereinnahmte und genoß Doña Leonor den Ruhm ihres Sohnes. Sie hielt sich für die wesentliche Urheberin dieses Ruhms. Und vielleicht täuschte sie sich nicht.

Die Legende hat Borges zum unergründlichen Gelehrten stilisiert, zum universalen Leser und Kenner aller Literaturen. Borges war bestens vertraut mit der englischen Dichtung und etlichen englischen Prosaschriftstellern. Er interessierte sich für die Bibel und die jüdische Religion, verachtete auch nicht den Islam. Die christliche Religion ließ ihn kalt, dem Katholizismus stand er eher feindlich gegenüber; immerhin betrachtete er den protestantischen Lebensstil mit einiger Sympathie. Hinduismus und Buddhismus interessierten ihn flüchtig, ohne daß er ihnen seine Zeit gewidmet hätte.

In der Literatur galt seine Liebe dem Ungewöhnlichen, Seltsamen und Verborgenen. Seine Vorlieben hatten nicht immer etwas mit dem im eigentlichen Sinne Literarischen eines Werkes oder seiner tieferen Bedeutung zu tun. Nie gab es wohl einen willkürlicheren Kritiker. Er hatte verkündet, Joseph Conrad sei der weltgrößte Romancier, und bekannte zugleich, selbst kein Romanleser zu sein. Einige seiner Novellen hatten ihm gefallen, und das genügte. Alle großen englischen Romanautoren, mit Ausnahme von Stevenson, den er in den Himmel hob, opferte er dieser Vorliebe. Zwei lange Erzählungen Conrads – »Heart of Darkness« und »The End of the Tether« – hatten es ihm besonders angetan. An der ersten faszinierte ihn der Abgrund der Unmenschlichkeit und des Grauens, in dem die Hauptfigur versunken ist und den der Erzähler der Frau, die ihn liebt, verheimlich muß; an der zweiten die Gestalt des erblindenden Kapitäns, der an das Ruder geklammert und geleitet von den Hinweisen eines malaiischen Bootsmanns, seinen Küstendampfer durch das Labyrinth eines südostasiatischen Mündungsgebietes steuert.

In der französischen Literatur gab er Flauberts *Bouvard et*

Pécuchet den Vorzug vor *Madame Bovary*. Er war begeistert von Léon Bloy, schenkte aber der Plejade französischer Erzähler des 19. und 20. Jahrhunderts so gut wie keine Beachtung.

Die italienische Literatur begann und endete für ihn bei Dante – ein guter Anfang, aber ein etwas voreiliges Ende.

In Quevedo verehrte er den bedeutendsten Vertreter der spanischen Literatur, der (vor allem mit seinen Sonetten) einen gewaltigen Einfluß auf die Gedichte seiner Reifezeit ausgeübt hatte. Neben Quevedo schienen die anderen großen Namen zu verblassen, und nur mit Cervantes versöhnte er sich nach eigener Aussage in seinen späteren Jahren. Unter seinen spanischen Zeitgenossen konnten nur Miguel de Unamuno und Cansinos Assens auf seine Bewunderung und sogar einige Sympathie Anspruch erheben. Federico García Lorca und seine Gedichte riefen bei ihm eine fast persönliche Abneigung hervor, und über Ortega y Gasset pflegte er sich gnadenlos lustig zu machen.

Die deutsche Literatur beschränkte sich für ihn auf Schopenhauer, Heine und den einen oder anderen Romantiker (Jean Paul, Ludwig Tieck, Novalis); alles andere, Goethe eingeschlossen, fiel unter den Tisch.

Mit der russischen Literatur konnte er offenbar nichts anfangen. Von Puschkin und Gogol über Dostojewski und Tolstoi bis hin zu Tschechow fand wie schon gesagt lediglich Puschkins *Pikdame* Gnade vor seinen Augen.

Unerachtet dieser Beschränkungen galt er als universaler Leser, und das war er. Unter den englischen Modernen verehrte er das berühmte Trio Chesterton, Shaw und Wells. Aber mehr als einmal hörte ich aus seinem Mund wütende Attacken gegen Virginia Woolf und D.H. Lawrence. Er sparte auch nicht mit Seitenhieben auf Proust und tat, als habe er noch nie etwas von Thomas Mann gehört.

Ein Gelehrter war Borges nicht; vielmehr ein Mensch mit festen Vorlieben, manchmal mürrisch, stets originell. In der Zeit, von der hier die Rede ist, entdeckte er seine große Liebe zur alten angelsächsischen Literatur, genauer gesagt zu jenen Texten, die von den Zwistigkeiten, den kriegerischen Auseinandersetzungen und Wettkämpfen zwischen den Stämmen erzählen, die im frühesten Mittelalter die britischen Inseln bevölkerten. Ursprung dieser ungewöhnlichen Leidenschaft war die von ihm gern zitierte Metapher von den »sechs Fuß englischen Bodens« – dem Grab, das der Fremdling sich erwürbe, der es wagen sollte, einen angelsächsischen König herauszufordern. Und entzückt war er von den unglücklichen Abenteuern der Edith Schwanenhals, die auf dem Schlachtfeld unter Leibern der Erschlagenen ihren Geliebten sucht und ihn an einer vernarbten Bißwunde am Hals wiedererkennt, die sie ihm in einer leidenschaftlichen Liebesnacht beigebracht hatte.

In den angelsächsischen Texten, die Borges in den sechziger Jahren studierte und unterrichtete, gab es keine hervorstechenden Einzelfiguren, keine Edith Schwanenhals. Meist wird erzählt, wie ein Stammesführer einen anderen herausfordert, was dieser antwortet und wer die anschließende Schlacht gewinnt. Manchmal ist es ein Grab, das von den Taten seines heldenhaften Insassen erzählt. Die Personen sind schwer auseinanderzuhalten. Es fehlt eine klare Handlung; wir wissen oft gar nicht, was den Anlaß zur Schlacht gegeben hat. Das Altenglisch, in dem diese Texte geschrieben sind, ist eine kehlige, steinige Sprache, die dem, der sie auszusprechen versucht, den Rachen verrenkt. Statt Endreimen gibt es nur Stabreime. Was erzählt wird, ist knapp, präzise und in der Regel grausam. Wir stellen uns hochgewachsene Menschen mit blonden Mähnen und Bärten vor, die Pelze und hornbewehrte Helme tragen und mächtige Schwerter schwingen. Aber diese Vorstellung nährt sich aus anderen Quellen. Hier findet sich nichts Genaues über Örtlichkeiten und Bekleidung. Die Geschichten sind in der Mehrzahl heidnisch. Das Christentum sollte die Namen der Götter verändern, nicht aber die traditionellen Gebräuche. Eine Schlacht jagt die nächste, und wir erleben das Aufeinandertreffen kleiner Gruppen, die keinesweg für eine Idee kämpfen; die

Lust am Kämpfen scheint wichtiger als der jeweilige Anlaß. Ein Mann kämpft um des Kämpfens willen, und Recht hat, wer gewinnt, auch wenn er im Unrecht ist.

Borges bemerkte gelegentlich, es gäbe eine Änlichkeit zwischen diesen blindwütigen Gefechten in Northumbrien und den Auseinandersetzungen der räuberischen, messerschwingenden Compadres und Gauchos in der Mythenwelt der Pampa und am Rio de la Plata. Die *Ilias* ist voll von solchen Schlachten, doch kämpfen die Achaier, um Helena zurückzugewinnen, die Troyaner, um sie zu behalten. Und ihre Könige und Krieger stehen unter dem Beistand von Göttern, die sie beschützen und ihnen die eine oder andere Fähigkeit verleihen. Borges gefielen die Kämpfe der *Ilias* bei weitem nicht so gut wie die langweiligen Konfrontationen zwischen angelsächsischen Stammesführern. Unnötig zu sagen, daß die ihm eigene Begabung und Originalität seine Seminare über angelsächsische Literatur zur Attraktion machten. Nur halte ich es für unwahrscheinlich, daß jemand von seinen Zuhörern sich diese Texte in seiner Abwesenheit noch einmal vornahm, um ihnen die nötige Spannung einzuflößen.

In jeder Familie gibt es Vorfahren, die in Vergessenheit geraten, während einige wenige aus einsichtigen oder geheimnisvollen Gründen ein späteres Schicksal beeinflussen. Das für Borges maßgebliche Erbe stammte offensichtlich von seiner Großmutter väterlicherseits und seiner Mutter. Die Großmutter verkörperte Internationalität; seine Mutter den Willen, Wurzeln zu schlagen und vor allem Argentinier zu sein. Beide Tendenzen bildeten in ihm einen ständigen Gegensatz. Möglich, daß die stumpfsinnigen und verworrenen Metzeleien der Angelsachsen des 10. Jahrhunderts und die Auseinandersetzungen kreolischer Vagabunden, von denen seine Mutter fasziniert war, ihn auf den Gedanken gebracht hatten, die beiden ausgeprägtesten Seiten seiner Persönlichkeit symbolisch miteinander zu versöhnen. Er legte dabei eine Leidenschaft an den Tag, mit der sich vielleicht die Vorliebe dieses von den zähen Abenteuern eines Harold, Beowulf oder König Knut verdorbenen Literaten erklären ließ. Dieses Interesse wäre einem Sprachhistoriker angemessen gewesen, der mit philologischer Akribie einem sprachlichen Wandlungsprozeß nachspürt; was Borges jedoch anzog, war der – nur von ihm wahrgenommene – literarische Wert der stammelnden angelsächsischen »Literatur«.

In diesen Jahren hatte ich wenig Kontakt zu Borges. Die vermeintlich demokratischen Regierungen Argentiniens – unter Frondizi, dem es gelang, sich die Unterstützung der Peronisten zu erschleichen, und unter Illía, der die Peronisten verbieten ließ – endeten unausweichlich in Militärputschen. Ich engagierte mich journalistisch auf Seiten der Linken und hatte sporadischen Kontakt zu meinen alten Freunden. Die Ereignisse jener Jahre – unter anderem die Kubakrise und der Zerfall des sozialistischen Lagers – machten mir endgültig klar, daß die politischen Ideen der Linken von der Sowjetunion für ihre nationalen Interessen instrumentalisiert wurden. In den Jahren 1964-1965 fühlte ich mich ziemlich orientierungslos. Ende 1965 las ich eines Tages in der Zeitung von einer Veranstaltung, auf der Borges, den ich zwei oder drei Jahre nicht gesehen hatte, das Buch eines Freundes vorstellen sollte, und ging hin. Als er anschließend von Besuchern umringt wurde, bahnte ich mir so gut es ging einen Weg und sagte bloß »Georgie?«

Er ließ seine Bewunderer stehen, nahm mich beim Arm und schlug mir vor, gemeinsam fortzugehen. Der Ausdruck in den Gesichtern der Leute schmeichelte meiner damals ziemlich ramponierten Eitelkeit.

Draußen angelangt, unternahmen wir – wie konnte es anders sein – einen Spaziergang. Er stützte sich auf meinen Arm und marschierte los wie in seinen besten Zeiten, als er noch sehen konnte. Ich begann ihm von meinen frustrierenden Erfahrungen mit dem argentinischen Kommunismus zu erzählen. Das war neu. Nie hatte ich mit ihm über Politik gesprochen, außer es handelte sich um Punkte, in denen wir einer Meinung waren, wie Peronismus, Nazismus, etc. Er hörte mir aufmerksam zu und stellte keine Fragen. Wir liefen etwa zwanzig Häuserblocks und betraten dann das Richmond auf der Florida. Während wir auf meinen Whiskey mit Eis und sein Glas Milch warteten, erhob sich Georgie wie gewöhnlich, um zu telefonieren. Bei seiner Rückkehr wirkte er nervös; fünf Minuten später bat er mich, ihn nach Hause zu begleiten. Als wir das zwei Blocks von seiner Wohnung entfernte Café St. James erreichten, machte er den Vorschlag, noch etwas zu trinken. Wir bestellten Whiskey und Milch, und in der Zwischenzeit ging er telefonieren. Sieben Minuten später öffnete sich die Tür des St. James und herein kam eine zierliche Frau mit aufgelöstem weißem Haar, die sich mit ihrem Stock einen Weg zu unserem Tisch bahnte. Bei uns angekommen, rief sie:»Georgie, man wartet auf dich!« Er wurde erst rot, dann erbleichte er und stotterte:»Mutter, hier ist Estela Canto.« Doña Leonor klopfte mir unsanft auf die Schulter und sagte:»Wie geht's? Komm, Georgie!«

Er rief den Kellner, bezahlte die Rechnung, dann verließ Doña Leonor das Café – ihren Sohn im Schlepptau, dem es kaum gelang, sich von mir zu verabschieden. Ich blieb noch eine Weile sitzen: Ich wollte immerhin meinen Whiskey austrinken.

Am folgenden Morgen rief mich Borges bei meinem Bruder an. Wir trafen uns und er sagte mir, daß seine Mutter sehr nervös sei, an Arteriosklerose leide und daß, wenn ich ihn anrufen wolle, ich dies in der Nationalbibliothek tun solle. Eine überflüssige Vorsichtsmaßnahme, da ich ihn nie zu Hause anrief. Seinerseits begann er mich von jenem Moment an – Dezember 1965 – regelmäßig anzurufen. An den Abenden hatte ich keine Zeit mehr; so trafen wir uns vormittags oder nachmittags.

Die politische Lage in Buenos Aires war unverändert brisant. Ich selbst befand mich in einer schwierigen Situation. Ich hatte mich seinerzeit von meinen liberalen und konservativen Freunden entfernt, die mich als Autorin schätzten, und sah mich jetzt auch von den orthodoxen Linken unter meinen Freunden verlassen, denen nie viel an meiner Person gelegen hatte und denen ich nicht mehr von Nutzen war, seit ich den »Glamour« meiner Kontakte zur Oberschicht eingebüßt hatte. Auch in Borges' Leben hatte es Veränderungen gegeben. Er war jetzt ein weltberühmter Mann, der von seinen Landsleuten akzeptiert wurde – nicht weil sie ihn gelesen oder verstanden hätten, sondern weil er in Europa und in den Vereinigten Staaten als großer Schriftsteller galt. Die Veränderungen spiegelten sich in seinem Verhalten wie in dem der Leute. Mit Borges am Arm zwischen Calle Corrientes und Plaza San Martín die Florida entlangzugehen, das war so, als spazierte man über den Laufsteg eines Revuetheaters. Die Menschen wichen ehrfürchtig zur Seite; es wurde getuschelt, einige Passanten zeigten mit dem Finger auf ihn, andere folgten ihm mehrere Straßenzüge weit. Auf der Florida – vielleicht weil sie schon immer etwas von einer Bühne hatte – wagten es die Leute nicht, ihn anzusprechen. Aber in den Seitenstraßen bekam er einen Stift in Hand gedrückt und sollte auf ein eilig hervorgekramtes Stück Papier sein Autogramm geben. Junge Mädchen baten um die Erlaubnis, ihn küssen zu dürfen, und noch bevor sie erteilt wurde, suchten sie sich mit Rippenstößen vorzudrängen. Er, der ein ungebrochenes Vergnügen an seinen Spaziergängen fand, zog jetzt entlegenere Viertel vor, wo sein Erscheinen weniger Aufsehen erregte. Aber er akzeptierte diese spontane Bewunderung, nach der er sich immer gesehnt hatte, und wenn er einerseits aus Scham und Laune seine literarischen Verdienste schmälerte, genoß er andererseits die herzliche Anerkennung der Leute. Es war die Zeit, da seine Erblindung eine Welle des Mitgefühls auslöste – jene eigentümliche Rührung, die das Unglück der Großen und Mächtigen hervorruft.

Einige Monate später, während eines Essens mit Freunden, sagte einer unvermittelt:»Wißt ihr eigentlich, daß Borges heiratet?« Ich erwiderte, das könne ich nicht glauben, weil Borges niemals ohne Einwilligung seiner Mutter heiraten würde.»Diesmal hat er sie; es handelt sich um eine Frau, die anders ist als alle seine bisherigen Bekanntschaften. Sie ist eine pensionierte Lehrerin aus La Plata, eine fast fünfzigjährige Witwe mit zwei erwachsenen Söhnen. Offenbar eine Jugendbekanntschaft.«

Das war die erste Nachricht, die ich über Elsa Astete Millán erhielt. Ein paar Monate später erfuhr ich aus der Zeitung von Borges' Heirat. Auf einer Photographie sah man ihn, wie er auf den Altar zuschritt, den Kopf hoch erhoben und mehr denn je in Wolken. Von der Frau an seiner Seite erinnere ich nichts mehr, weder ihr Gesicht, noch ihre Figur, ihr Kleid oder ihren Hut, obwohl ich sie damals neugierig betrachtete.

Was ich über sie von verschiedensten Seiten erfuhr, stimmte in einem Punkt überein: Daß Frau Astete ungeeignet war, die Rolle von Borges' Mutter zu übernehmen. Auf alle Fälle aber besaß Elsa Astete eine hohe Meinung von ihrer Intelligenz und ihren Fähigkeiten als »Entertainer«. Dafür gibt es eine Erklärung. Sie war in La Plata, der 1880 gegründeten, späteren Hauptstadt der Provinz Buenos Aires, zur Welt gekommen und aufgewachsen. Die Stadt mit ihrer Universität, ihren reißbrettartig angelegten Alleen und ihrem bedeutenden paläontologischen Museum war der Geburtsort bedeutender Schriftsteller und besaß ein reges intellektuelles Leben. La Plata hatte in literarischer, weniger in gesellschaftlicher Hinsicht einen guten Ruf. Die Oberschicht bestand aus Personen mit aristokratischen Ambitionen und provinziellen Manieren. Tonangebend waren die Frauen von ranghohen Militärs, von Mitgliedern des Jockey Clubs – in der Regel Politiker – und Bankdirektoren. Die Verachtung der landbesitzenden Damenwelt von Buenos Aires für die bemühte Eleganz jener Frauen war grenzenlos; Gelegenheit, ihr zu begegnen, bekamen diese indes nicht: La Platas

Damenwelt war von einer Mauer des Schweigens umgeben – der wirkungsvollsten Waffe in Argentinien.

Als sich Elsa Astete diese unverhoffte Heirat bot, hatte sie das Gefühl, daß sich alle Türen der »großen Welt« vor ihr öffneten. Mehr noch, sie rechnete sich dies als eigenen Verdienst zu. Hatte sie nicht triumphiert, wo so viele andere gescheitert waren?

Man hätte erwarten können, daß sie einer Sache, die sie nicht verstand, zumindest Anerkennung zollte. Sie aber suchte im Gegenteil mit ihrem Mann zu rivalisieren. Während der Reise in die Vereinigten Staaten herrschte allgemeine Betroffenheit auf einer Abendgesellschaft, als man wider Erwarten nicht Borges zu hören bekam, sondern seine Frau, die ihre Gitarre hervorholte und zu singen begann.

Offenbar war das Verhältnis zwischen ihnen von Anfang an schlecht. Was das betrifft, sind wir indes auf Mutmaßungen angewiesen. Obwohl es ihm gelungen war, mit ein oder zwei Frauen ein körperliches Verhältnis einzugehen, würde ich annehmen, daß der Charakter seiner Frau die Dinge verkomplizieren mußte. Sie erwartete eine normale Ehe und dürfte wohl gekränkt und enttäuscht worden sein. Das würde zum Teil ihr Konkurrenzverhalten erklären.

Jedenfalls nahm die Mißstimmung während ihrer Reise in die USA zu und steigerte sich zu offenen Handgreiflichkeiten. Zurück in Buenos Aires, paßte er einen Zeitpunkt ab, da sie außer Haus war, und rief seinen englischen Übersetzer Norman Di Giovanni an; gemeinsam suchten sie Borges Lieblingsbücher sowie einige Kleidungsstücke zusammen, verstauten alles in Koffern, riefen ein Taxi, fuhren aber nicht in die Calle Maipú 994, wo seine Mutter immer noch wohnte, sondern zum Flughafen, wo sie in eine Maschine stiegen, die sie in die Provinz Cordoba brachte. Gut versteckt und mit einem Rechtsanwalt an seiner Seite leitete Borges von dort aus seinen Scheidungsprozeß in die Wege.

Elsa Astete behielt die gemeinsame Wohnung in der Calle

Belgrano und bekam darüber hinaus eine beträchtliche Abfindung. Von diesem Moment an verschwand sie aus dem Leben von Borges, und alle Versuche der Journalisten, ihr irgendeine Erklärung oder Stellungnahme zu entlocken, blieben erfolglos.

Objektiv betrachtet, ist diese Heirat ein Rätsel. Was veranlaßte diesen Mann mit siebenundsechzig Jahren – in einem Alter, dem die Erinnerungen, nicht aber die Zukunft gehören, der längst berühmt ist, seine festen, extravaganten, aber ihm selbst zuträglichen Gewohnheiten besitzt –, sich wie ein unerfahrener Jüngling, der eine Familie gründen und ein eigenes Leben aufbauen will, in das Abenteuer einer Ehe zu stürzen? Drei Jahre nach der Scheidung erklärte er mir:»Schon bei der Hochzeit wußte ich, das alles würde im Desaster enden. Ich hatte keine Lust zu heiraten. Aber ich hatte mich auf die Sache eingelassen, und einen Rückzieher zu machen, war schwierig.«

Zweierlei an dieser Äußerung verdient Beachtung. Zum einen die Vorahnung. In allen wichtigen Lebenslagen hatte Borges Vorahnungen. Im *Aleph* ist die geliebte Frau, Beatriz Viterbo, bereits tot. Als er mir schrieb, *Das Aleph* solle die erste in einer langen Reihe von Erzählungen sein, war Beatriz Viterbo, die ihn der Hölle entreißen sollte, für ihn schon gestorben.

Zum anderen ist da die Unterwerfung unter ein unheilvolles Schicksal, dem wir uns, obwohl es uns zerstört, nicht widersetzen. Jemand ruiniert sein Leben, um einer Konvention zu entsprechen, von der er weiß, daß sie unsinnig ist und ihn nicht einmal besonders berührt. Ein ähnliches Verhalten zeigt der Protagonist in Borges' Erzählung *Der Süden*: Dahlmann, dieser »ein wenig gewollte« Argentinier, handelt sich eine unscheinbare Verletzung ein, die eine langwierige ärztliche Behandlung nach sich zieht. Es ist der gleiche Unfall, der Borges 1939 widerfuhr, als er mit dem Kopf gegen einen Fensterflügel stieß und die Wunde sich entzündete. Nach seiner Genesung fährt Dahlmann auf seine Estancia im Süden. Dieser Süden, zusammen mit seiner wiedergewonnenen Bewegungsfreiheit, treibt

ihn in einen absurden Tod. In einer Schänke unweit der Bahnstation, wo er zu Abend ißt, während er auf den Wagen wartet,
wird er von drei Burschen am Nachbartisch provoziert, die ihn
mit Brotkügelchen beschießen. Der Wirt, der ihn zur Gelassenheit mahnt, und ein alter Gaucho, der in der Ecke zu schlafen
schien und ihm plötzlich ein Dolchmesser zuwirft, treiben die
Tragödie auf die Spitze. Dahlmann, ein Stadtmensch und Re-
konvaleszent, der von einem Messerduell nicht die geringste
Ahnung hat, nimmt den Dolch und damit die Herausforderung
an. Er weiß, daß das sein Tod ist, aber etwas befiehlt es ihm,
und er kann schon keinen Rückzieher mehr machen.

Was in dieser Erzählung scheinbar außer Frage steht, ist
Dahlmanns Mut, der auf die Provokation eingeht. Wenn wir
aber genauer hinschauen, sehen wir, daß die vermeintlich be-
herzte eine erzwungene Geste ist und weniger Mut als Feigheit
verrät:»Was werden die anderen von ihm denken?« Dahlmann
opfert sein Leben, weil er es nicht wagt, ein absurdes und von
vornherein verlorenes Duell abzulehnen, aus Angst, feige zu erscheinen.

Borges ließ sich auf eine Heirat ein, von der er nach eigener
Aussage wußte, daß sie die Hölle sein würde (sie war es zweifellos auch für seine Frau), weil er es nicht wagte, mit einer
Konvention zu brechen. Er war der Meinung, sich opfern zu
müssen.

Es ist nicht schwer zu vermuten, woher jener Befehl kam. In
der Erzählung gibt es einen alten Gaucho, der ihm einen Dolch
zuwirft. Im Falle der Heirat ist es wie immer die »langmütige,
männliche Pampa«, die ihm ihren Willen aufzwingt. Und er fügt
hinzu:»Ob du der Tod bist, weiß ich nicht. Ich weiß, du bist in
meiner Brust.«

Man kann wohl davon ausgehen, daß der damals fast neun-
zigjährigen Doña Leonor der Gedanke Sorgen bereitete, ihren
Sohn allein zurückzulassen. Möglicherweise war sie durch
unsere erneuerte Freundschaft aufgeschreckt worden und hatte
beschlossen, das Übel an der Wurzel zu packen. Was sie

brauchte, war für die Jahre, die sie noch zu leben hatte, eine unauffällige und fügsame Frau. Es fällt nicht schwer, sich vorzustellen, wie sie mit einem ihrer vielen Freunde über eine passende Kandidatin diskutierte. Als eine solche aus den Nebeln der Vergangenheit auftauchte, kann ich Doña Leonor förmlich sagen hören: »Warum heiratest du sie nicht, Georgie?« Für Georgie wären die Worte ein Befehl gewesen, wie das Messer, das der alte Gaucho Dahlmann zuwarf. Aber Doña Leonor täuschte sich. Die frischgebackene Frau Borges war weder gefügig noch bereit, ein Schattendasein zu führen. Die Heirat verursachte Schmerzen, Erniedrigungen und Geldverlust. Darüber hinaus machte sie Borges' Leben um eine groteske Fußnote reicher.

Das Erstaunliche hierbei ist die wehrlose Haltung, mit der sich Borges an Händen und Füßen gefesselt einem fremden Willen unterwarf, sich in den Hinterhalt begab, wissend, daß am Ende die Falle zuschnappen würde. Als er vor einem der wichtigsten Schritte im Leben eines Menschen stand, war er keiner eigenen Entscheidung fähig, sondern überließ sich dem Willen eines anderen.

Diesen von vornherein verlorenen Posten, den er als Elsa Astetes Ehemann bezog, gilt es zu analysieren, wenn man verstehen will, was er uns durch seine Literatur hindurch anzudeuten suchte. Seine Verheiratung war ein ausgemachter Unfug, irrwitzig und erstaunlich für einen klardenkenden Menschen vorgerückten Alters. Sein passives, feminines Verhalten entspricht dem junger Mädchen im 19. Jahrhundert, die den Mann heirateten, der ihnen von der Familie bestimmt wurde, ohne daß sie an Auflehnung auch nur zu denken wagen. Hieraus aber erklärt sich Borges' Vorliebe für einen in Stil und Thematik von ihm so verschiedenen Schriftsteller wie Henry James. Dessen Frauengestalten lehnen sich niemals auf, ergeben sich vielmehr jeder für sie noch so erniedrigenden, schmerzlichen oder absurden Situation. So als bestünde ihr Mut gerade darin, eine unerträgliche Situation zu ertragen. Auch seine Nationalität prädestinierte ihn zu dieser Schicksalsergebenheit. Borges schritt zum Traualtar wie ein bürgerliches Mädchen des 19. Jahrhunderts.

Zur Entlastung von Doña Leonor muß gesagt werden, daß er sein ganzes Leben davon geträumt hatte zu heiraten, wenngleich ihm die Ehe so fern und unerreichbar schien wie die Frauen, in die er sich verliebte. Der Befehl hatte die Richtung gewechselt: Nunmehr sollte er heiraten.

Leonor Acevedo hatte geglaubt, ihren Sohn wohlbehütet zurückzulassen. In ihrem Bestreben, eine Frau zu finden, die fügsam war und dankbar ob der ihr erwiesenen Ehre, eine Frau, die – *conditio sine qua non* – ihr Sohn nicht liebte, beging sie einen riesigen Fehler und bescherte Borges das einzige groteske Abenteuer seines Lebens.

Die Ehe währte kaum drei Jahre, was für eine argentinische Ehe wenig ist. Und wie im Tango, kehrte Georgie anschließend »wieder heim zu Mutter«.

Nach ihrer großmütigen und selbstlosen Anstrengung konnte Doña Leonor mit ruhigem Gewissen feststellen, daß keine Frau sie ihrem Sohn gegenüber ersetzen konnte, und ihr Triumph gab ihr die Kraft, neunundneunzig Jahre alt zu werden.

Irgendwann haben die Frauen mitbekommen, daß zur Welt der Männer der Mut gehört, worunter diese ein hartes und grausames Verhalten verstehen, das bei ihnen jedoch hoch im Kurs steht. Männer sind alle, die »ein Messer führen«. Mann sein bedeutet Herausforderung, Mord und Totschlag. Die zarte Damenwelt sollte angesichts der blutigen Kämpfe der Männer Entsetzen packen. Für die Frauen der Generation von Leonor Acevedo galt als Mann, wer ein Messerduell auszufechten vermochte, wenn es darauf ankam. Darin gipfelte die Vorstellung von mannhaftem Verhalten. Und es wäre ihnen nicht im Traum eingefallen, daß Männlichkeit sich auch anders ausdrücken könnte als in der Maske des Messerhelden.

Das in *Der Süden* entworfene Männlichkeitsbild bringt uns noch einmal auf die Frage zurück, was Borges unter Mut verstand. Die Erzählung besitzt eine gewisse Ähnlichkeit mit Gabriel García Márquez' *Chronik eines angekündigten Todes*. Daß die Zwillingsbrüder Vicario losziehen, Santiago Nasar aus Rache für die verlorene Unschuld ihrer Schwester zu ermorden, während das gesamte Dorf dem Spektakel untätig zuschaut, hat nichts mit Mut zu tun. Nasar wird ermordet, weil die Konvention, an die niemand glaubt, es von ihnen verlangt. Das Thema hätte Borges gefallen, vor allem der blinden Macht wegen, die die Brüder dazu treibt, Santiago Nasar zu töten.

In den Erzählungen *Der Eindringling, Der Süden* und *Chronik eines angekündigten Todes* handeln die Personen wie Marionetten. Das Geschehen gleicht einem Ritual, dessen Sprache niemand mehr versteht; einem blinden Götzendienst; einer rudimentären, pervertierten Form von Religiosität.

Die Nilsen-Brüder in *Der Eindringling* zeigen keinen Mut. Wenn der ältere die Frau tötet, die beide, ohne es sich einzugestehen, lieben und die sie sich gleichwohl brüderlich teilen, dann tut er es aus Angst, die Gegenwart einer Frau könnte ihre Männerfreundschaft gefährden. Diese Eifersucht und Angst wird in der männlich barschen Atmosphäre spürbar, die die Erzählung beherrscht. In *Der Süden* beweist Dahlmann seine innere Gebrochenheit als »Mann« durch dieselbe Geste, mit der er sich einem Männlichkeitsbild unterwirft, das nicht aus ihm selbst gewonnen, sondern ihm von außen aufgezwungen ist, nur um nicht das Gesicht zu verlieren.

Mut in Verbindung mit tieferer Bedeutung lehnte Borges ab. Er akzeptierte ihn nur in der von moralischem Beiwerk freien Form männlicher Verwegenheit. Ich will versuchen, die Ursprünge dieser Vorstellung nachzuzeichnen.

Eins der ersten Bücher des jungen Borges – *Evaristo Carriego* – trägt den Namen eines Mannes, der zu dem Freundeskreis gehörte, der sich bei den literarischen Gesellschaften von Georgies Vater zusammenfand. Einige der anwesenden Autoren oder dilettierenden Schriftsteller waren namhafte Journalisten. Borges erinnert lediglich an einen, an Evaristo Carriego. Bei der Lektüre des leidenschaftlich überschäumenden, barock anmutenden ersten Kapitels –»Palermo, Buenos Aires« – drängt sich uns die Vermutung auf, daß hinter Georgies bebender Faszination für die *Compadres* der Vorstädte Evaristo Carriego stand. Zumindest erfahren wir von Borges, daß er Carriego die Bekanntschaft eines der Menschen verdankte, die ihn in seinem Leben am meisten beeindruckt haben: Nicolás Paredes. »Paredes«, beschreibt ihn Borges, »ist das Prachtexemplar eines Kreolen, ganz und gar Herr seiner selbst: Die Brust gebläht von Männlichkeit, herrisches Auftreten, unbändige schwarze Mähne, prunkvoller Schnurrbart, gespreizter Gang, für gewöhnlich ernste Stimme, die absichtlich weiblich und schleppend wird, wenn es um eine Herausforderung geht; geschickter Umgang mit der angemessen heroischen Anekdote, der Zote, der flinken Karte, dem Messer und der Gitarre; grenzenlose Selbstsicherheit (...) Er ist ein Meister der homerischen Bratgelage und des unermüdlichen *contrapunto**.« Und etwas weiter unten:»Durch Nicolás Paredes lernte Evaristo Carriego die Messerhelden des Bezirks kennen, die Blüte des Sumpfs.«

An dieser blumigen Passage überrascht die »Brust gebläht von Männlichkeit« und die »grenzenlose Selbstsicherheit« der Person. Der an Paredes beschriebene theatralische Pomp verrät ganz sicher keine»grenzenlose Selbstsicherheit«, vielmehr den Wunsch, einen entsprechenden Eindruck hervorzurufen. Der junge Borges schildert einen ausgemachten Popanz, ohne offenbar das Fratzenhafte an ihm zu bemerken. Die Maskerade, die Distanz schaffen und Unsicherheit verbergen soll, wird von ihm für bare Münze genommen. Im Schlepptau von Carriego fand der gerade erst nach Buenos Aires zurückgekehrte, verschüchterte junge Mann die Lösung für die Forderung, sich mit seinem barbarischen Vaterland zu arrangieren, in der Bewun-

* »Mündliches Wettdichten« [A.d.Ü.]

derung jener übertriebenen Männlichkeit der Schlapphüte, unbändigen Haarmähnen und homerischen Bratgelage. Indes ist ihm die Welt der erwachsenen Männer in jeder Hinsicht versperrt, diese Welt der Messerduelle und des pünktlichen Erscheinens im »Haus mit dem in Kleinmädchenrosa tapezierten Vestibül... Paradies für gestandene Männer und niemand sonst«. Er bleibt außen vor.

So sehr beeindrucken ihn diese virilen Gestalten, daß er deren *primum movens* gar nicht bemerkt – angefangen bei dem Gaucho Martín Fierro und den Vorstadtganoven bis hin zu den zehntausend gehörnten Ehemännern, die in den Tangos in grenzenlosem Selbstmitleid Blut und Tränen fließen lassen. Als sich viele Jahre später der Tangogesang durchgesetzt hatte und dieses Selbstmitleid unüberhörbar wurde, verstopfte er sich die Ohren und verabscheute Leute wie Carlos Gardel, um sein mythisches Bild vom urwüchsigen *Compadre* mit der »Brust gebläht von Männlichkeit« zu bewahren.

Diese Kerle haben im Duell jemandem einen tödlichen Dolchstoß verpaßt oder eine Frau zur Strecke gebracht; aber immer ist der Anlaß ein Freund, der sie betrogen hat, die verständnislose Strenge der Gesetze oder eine Frau, die einem anderen den Vorzug gegeben hat. Dies vor allem ist für jene Männer ein Vergehen, das mit dem Leben bezahlt werden muß. Eine Frau, die sich für einen anderen entscheidet, ist immer eine ruchlose »Betrügerin«. Dagegen gilt der Mann, der sie oder einen verräterischen Freund tötet, als guter, ehrenwerter und »ganzer« Mann, der sich durch die Verworfenheit der anderen zu einem Verbrechen hat hinreißen lassen. Die Litaneien dieses tugendsamen Mörders nehmen kein Ende. Auch Martín Fierro stimmt in diese Klagelieder ein und versteht sich als Opfer – ein Aspekt, den Borges nicht sah oder nicht sehen wollte.

Tatsache ist, daß er den »modernen« Tango (gemeint sind die aus der Zeit nach 1920) vorwarf, allen Schneid eingebüßt zu haben. Ich halte das für eine Entschuldigung, die er sich zurechtlegte, um an der Gaunerromantik einiger weniger Tangos festzuhalten und nicht der weinerlichen Sentimentalität ins Gesicht zu sehen, die der Tango zu allen Zeiten besessen hat. Angespornt durch Carriego und die Bilder aufgetakelter *Compadres*, übersah Borges das Offensichtliche: die Feigheit der Tangohelden. Und die einhellige Volksmeinung will so wenig etwas von der Feigheit dieser rührseligen Figuren wissen, daß seine Erzählung *Mann von Esquina Rosada*, die von einem heimtückischen Verbrechen handelt, gemeinhin als eine Geschichte von beherzten Bösewichtern angeführt wird, gerade so, als hätte niemand sie gelesen.

Für Borges sollte der Tango etwas sein, was er nie gewesen ist: Schneidiger Ausdruck eines Faustrechts. Nimmt man ihm sein soziales Umfeld, seine Bordelle, die Männer, deren einzige Arbeit darin besteht, irgendeinem Politiker als Schläger zu dienen oder sich von einer Gewerbsmäßigen aushalten zu lassen, verliert er jeden Sinn. Der Tango ist ein Protest des gesellschaftlichen Abschaums gegen eine soziale Wirklichkeit, von der er sich nicht freimachen kann und will. Viele Tangos kreisen keineswegs um Zweikämpfe, sondern um nostalgische Träume von einem unerreichbaren bürgerlichen Leben. Darum gehen Borges' Gauchos und Ganoven im allgemeinen am Massengeschmack vorbei. Seine Figuren klagen und weinen nicht. Sie verhalten sich, wie es jene rauhbeinigen northumbrischen Krieger tun würden, die bloß um des Kämpfens willen oder um »sechs Fuß englischen Bodens« ein Duell auf Leben und Tod vom Zaun brechen. Aber der Gaucho hat sein Schicksal nicht in der Hand, sondern ist in ihm gefangen. Hier geht die Erzählung einer Handlung der eigentlichen Handlung voraus und weist ihr den Weg. Gauchos und Ganoven sind in demselben Maße »literarisch«, wie Napoleon es für Hölderlin nicht sein konnte: »Er kann im Gedichte / nicht leben und bleiben / Er lebt und bleibt / in der Welt« *(Buonaparte)*.

Von 1975 an, als seine Reisen mit María Kodama begannen, traf ich Borges regelmäßig – wenn auch seltener, als ich gewünscht hätte. Mein Mann und ich hatten uns in Punta del Este ein Häuschen gekauft, und ich lebte halb in Argentinien und halb in Uruguay.

Damals meinte ich in Borges einen Mann vor mir zu haben, der gerade seine alte Haut abstreifte, ohne sich noch in der neuen zurechtzufinden. Er war unberechenbarer denn je und nahm sich jetzt die Freiheit, alte Überzeugungen über Bord zu werfen.

Ich will eine Anekdote erzählen, die, obwohl sie sich Ende 1985 zutrug, deutlich machen wird, was ich meine.

Sein Leben lang hatte Borges Leopoldo Lugones bewundert. Jahrelang hatte ich vergeblich versucht, seine ergebene Haltung diesem so überschätzten Schriftsteller gegenüber ins Wanken zu bringen. Er hatte *beschlossen*, Lugones zu bewundern, und die *Obras Completas* von 1974 widmen sich ihm in ehrerbietiger Bewunderung. Diese Einstellung besaß kanonische Gültigkeit. Und mit entrüstetem Erstaunen wiederholte er später die Worte einer Enkelin von Lugones, die, als sie ihm vorgestellt wurde und er mit salbungsvoller Koketterie zu ihr sagte: »Dann sind Sie also die Enkelin von Lugones?«, ihm geantwortet hatte: »Ja, und die Tochter des Folterers!«.*

Borges dachte wahrscheinlich, daß mich meine politischen Anschauungen blind machten – Lugones war ein Bewunderer von Hitler und Mussolini, ein ultrakatholischer Nationalist und rechtsextremer Militarist. Borges hatte feste Ansichten, was den literarischen Wert dieses Dichters betraf, und war nicht gewillt, seine Meinung zu ändern. Bei einer Gelegenheit hatte er mir gegenüber einen Vers zitiert, den er besonders mochte: »Eine

---

* Leopoldo Lugones' gleichnamiger Sohn leistete Pionierarbeit bei der Anwendung des Elektrostabes; dieses Folterinstrument sollte Argentinien fünfzig Jahre später, während der Militärdiktatur, weltweit berühmt machen. Wie so oft, war die Enkelin des nationalistischen Dichters und Tochter des Kommunistenfolterers eine engagierte Linke. [A.d.Ü.]

214

Lugones (rechts) 1927 beim Fechtunterricht

sanfte Traurigkeit, dich zu verlassen, ließ mich wissen, daß ich dich liebte.«

Ich hatte damals protestiert. Das Erwachen der Liebe kennt keine »sanfte Traurigkeit«. Nur überschwengliche oder betrübte Gefühle. »Sanfte Traurigkeit« mag man bei der Trennung von einem Freund empfinden; Liebe überwältigt.

Eines Abends im November 1985 – es sollte das letzte Mal sein, daß wir uns sahen – aßen wir gemeinsam im Hotel Dorá, wenige Schritte von seiner Wohnung entfernt. Ich hatte das *Lunario sentimental* von Lugones mitgebracht. »Schon seit Jahren wollte ich diese Gedichte einmal mit dir besprechen«, sagte ich und las ihm aufs Geratewohl daraus vor.

Borges errötete und rutschte unbehaglich auf seinem Stuhl hin und her; schließlich sagte er: »Ja, sie sind wirklich schrecklich. Lies doch mal ein paar andere.« Ich tat es. Der Eindruck bestätigte sich.

Als wir das Restaurant verließen, sagte er etwas, das ich schon öfters von ihm gehört hatte, doch mit einem veränderten

Unterton:»Wenn man bedenkt, daß die Leute aus meiner Generation gut zu schreiben glaubten, wenn sie wie Lugones schrieben!« Diesmal klang der Satz wie eine Entschuldigung. Und nachdenklich fügte er hinzu:»Weißt du was, Estela? In diesen Versen gibt es keine einzige echte Wahrnehmung. Er sucht den Reim, den Effekt, das ist alles. Nichts darin ist gefühlt, gelebt.« Ich frage mich, ob er sich auschließlich auf Lugones bezog, ob er nicht auch an einige seiner Texte dachte, die ihm nicht mehr gefielen.

In diesen letzten Monaten drängte alles in Borges auf Befreiung. Er, der zeitlebens an Befehle gebunden war, wurde sich bewußt, daß ihn nichts unter Druck setzte und er frei entscheiden konnte. Das war gewissermaßen jener Ausweg aus der Hölle, der ihm in der Mitte seines Lebens keine Ruhe gelassen hatte; jetzt sah er vor sich einen melancholischen Frieden und den Glanz der Engel, die zuweilen den Himmel des Purgatoriums kreuzen. Er wollte alle letzten Bindungen abschütteln. So sehr sehnte er sich danach, frei zu sein, daß er manchmal heimlich und ohne sich von seinen Freunden zu verabschieden nach Europa reiste.

Einmal hatten wir über Glück gesprochen und er vertrat mir gegenüber die Ansicht, es verginge kein Tag, der nicht wenigstens einen Moment des Glücks bereithält. Worauf ich zu ihm sagte:»Dann bist Du ein glücklicher Mensch, Georgie«, und mich insgeheim fragte, ob dieses Glück nicht einen Vor- und Zunamen besaß: María Kodama.

Er hatte das Glück verloren geglaubt. Im zweiten Teil des Gedichts *1964* gibt es eine Anspielung auf mich, die um einen Hauseingang, eine Straßenecke im Süden der Stadt kreist und auf ein»ich werde nicht mehr glücklich sein« hinausläuft:

Mir bleibt allein der Genuß, unglücklich zu sein.
Eine eitle Gewohnheit: die Anhänglichkeit
zum Süden, einem Hauseingang, einer Straßenecke.

In der Zwischenzeit hatte er sich in andere Frauen verliebt. Bei mir hatte er geglaubt, das Glück der Liebe verwirklicht zu finden. Jetzt war das Glück, von dem er sprach, ein anderes, seiner inneren Natur gemäßeres Glück.

Schließlich kam es zu einer Begegnung. Als ich eines Nachmittags länger blieb, erschien María Kodama. Sie war das Gegenteil eines bodenständigen Menschen; kaum besaß sie, was die Hindus *tamas* nennen, eher etwas Ätherisches, fast Gespenstisches. Mir fiel auf, daß sie einander »siezten«. Sie behandelte ihn betont ehrerbietig, als bestünde zwischen ihnen nicht die Vertrautheit, die man nach so vielen Jahren und Reisen eigentlich hätte erwarten können. Was sie verband, war nicht eigentlich Freundschaft; das distanzierte Verhältnis des seherischen Barden und der ehrfürchtigen Schülerin blieb zwischen ihnen gewahrt. Neu an ihm war eine heitere Gelassenheit, die er mir und anderen, ihn faszinierenden Frauen gegenüber nie besessen hatte.

Seine ständige Anspannung hatte sich gelegt.

Sie besprachen die Einzelheiten einer bevorstehenden Reise: Banken, Devisentausch, Flugtickets, Reiseschecks etc. Plötzlich fragte er mich:»Wie findest Du María?« Die Frage brachte mich in Verlegenheit; rasch entschied ich mich, meinen spontanen Eindruck auszudrücken:»Sie erinnert mich an Deine Schwester Norah.«

»Wie das? Norah hat doch keine Schlitzaugen!« rief er aus.

»Ich habe ja schließlich auch keine«, entrüstete sich María, »ich bin nur zur Hälfte Japanerin.«

Ich murmelte etwas davon, daß ich mehr die charakterliche Ähnlichkeit gemeint hätte. Darauf ließen wir es beruhen.

Zwei Tage später schickte er mir eine Einladung, mit ihm und María an der Präsentation seines letzten Buches im Plaza Hotel teilzunehmen. Ich konnte nicht kommen.

Das letzte Mal sollte ich ihn im November 1985 sehen, an einem für die Jahreszeit ungewöhnlich windigen und kühlen

Mit Maria Kodama vor Chopins Klavier, Mallorca 1983

Abend: Es hatte einen jener Wintereinfälle gegeben, die Argentinien manchmal mitten im Frühling heimsuchen. Im Wohnzimmer herrschte eine frostige Atmosphäre. Gelesen wurde wenig, unter anderem wieder einmal das Gedicht von Leda und dem Schwan; und erneut bemerkte ich seine sexuelle Erregung, als er die Verszeile wiederholte:

»Did she put on his knowledge with his power?«

Viele haben diesem Mann sexuelle Kälte unterstellt, der sich mit sechsundachtzig Jahren, einem Alter, in dem die meisten Menschen den Sinn für Sexualität verloren haben, an den kryptischen Formulierungen eines in der Jugend wieder und wieder gelesenen Gedichts begeistern konnte. Das zeigt, wie sehr

218

Borges die Literatur im Blut lag. Dieses Gedicht hatte seine Großmutter ihm und Norah in einer bereinigten Version vorgelesen. Vielleicht ahnte er schon damals, daß etwas fehlte, fand es bald heraus, und diese Begeisterung aus Kindertagen dauerte ungebrochen fort, fand Eingang ins Labyrinth und trat an der Schwelle des Todes unversehrt zutage. Für ihn waren Sexualität und Tod verschwistert. Was die Leute für seine »Frigidität« ansahen, resultierte aus einer übermäßigen seelischen Belastung. Für ihn hatte Literatur immer eine »erhöhte Temperatur«, was für profane Gemüter nicht leicht zu verstehen ist.

Wir lasen nicht weiter. Er stand auf, blickte zum Fenster, das er nicht sah, und machte einige Bemerkungen über »das Vaterland«: »Was ist es denn? Ein paar Namen und Orte, die nicht mehr existieren...«

Ich hatte das undeutliche Gefühl, daß er mir etwas sagen wollte. Wir hatten über das Thema Vaterland bereits gesprochen, diesmal aber ließ er es merkwürdig in der Schwebe, wie um mich auf eine Frage zu bringen, die mir nicht einfiel. Statt dessen wechselte ich das Thema:»Wie stellst Du Dir María Kodama vor?« fragte ich ihn.

»Oh, ich habe sie tatsächlich gesehen!«

An seinem Ton wurde mir klar, wieviel sie ihm bedeutete.

Das war aufschlußreich. Er hatte die Angewohnheit, von den Frauen zu sprechen, in die er verliebt gewesen war. Oft waren diese Verliebtheiten reine Hirngespinste. Er sprach von seinem Kummer, erzählte Anekdoten, die mit diesen Frauen in Zusammenhang standen. Aber dies »ich habe sie tatsächlich gesehen« klang so wirklichkeitszugewandt und selbstbewußt, wie der Hinweis auf etwas, das einem rundum gelungen ist.

Später verließen wir beide die Wohnung, überquerten die Straße und betraten das Restaurant im Hotel Dorá.

Dort sprach er erneut von María: Sie war es, die an einem Abend, als alle Restaurants der Stadt geschlossen waren, herausgefunden hatte, daß man in dem Hotel auch essen konnte.

Es war typisch für ihn, jede Gelegenheit zu nutzen, von dem Menschen zu sprechen, den er liebte. Es in diesem banalen Zusammenhang zu tun, enthielt den Hinweis, wie sehr sie bereits ein Teil von ihm war. Ich hätte fast gesagt:»Warum heiratest Du sie nicht, Georgie?«, unterließ es aber.

Es war dieser Abend, an dem er mir zugab, daß die Gedichte von Lugones »schrecklich« waren, bar jedes echten Gefühls. Wir kehrten noch einmal in seine Wohnung zurück und setzten die Lektüre fort. Plötzlich sah ich, wie er eine schmerzliche Bewegung machte. Ich schaute ihn an. Er war leichenblaß. Ich ergriff seine Hand, die sich eiskalt anfühlte und reglos in der meinen lag.»Geht es Dir nicht gut?« fragte ich ihn.»Bring mich in mein Zimmer«, sagte er.

Er, der mit der Wohnung blind vertraut war, hatte nie jemanden gebraucht, um sich in ihr zurechtzufinden. Wir erreichten sein Zimmer, ich machte Licht und er ließ sich auf das schmale Bett fallen.»Soll ich jemanden anrufen?« fragte ich.»Ruf Fanny an«, entgegnete er.

Ich rief sie an. Seine alte Haushälterin stand einige Momente an seinem Bett. Offenbar war es nicht das erste Mal, daß ihm ein solches Unwohlsein widerfuhr, denn Fanny machte keinen allzu erschreckten Eindruck.

Ich verabschiedete mich, rief auch am folgenden Tag nicht an, um nicht den Eindruck zu erwecken, daß ich diesem Zwischenfall Bedeutung beimaß.

Ich rief zwei Tage später an und er selbst kam ans Telefon. Ich sagte ihm, ich führe nach Uruguay. Er erwiderte, daß er in ein paar Tagen mit María nach Europa reisen werde.

Einen Monat später erfuhr ich in Uruguay von einem Freund, daß Borges in Genf in ärztlicher Behandlung sei.

Im April erschien in den Tageszeitungen die Nachricht von seiner Heirat mit María Kodama. Ich freute mich. Offenbar hatte Borges den Rubikon überschritten und sich endlich als der behaupten können, der er war. Unerheblich, welcher Art ihre Beziehung war; auf alle Fälle war es eine Beziehung, die er frei gewählt und in die sie aus freien Stücken eingewilligt hatte, eine Beziehung, die weder von Konventionen bestimmt war, noch von Ängsten und Irrtümern oder trügerischen Plänen, sein Leben zu ändern, wie die anderen Male.

Ich war ein wichtiger Mensch in seinem Leben, doch María besaß die Voraussetzungen, ihm das zu geben, was ihm bislang niemand gegeben hatte: eine völlige geistige Hingabe. Borges in seinem Rollstuhl, hinter ihm María, zeigte einen Ausdruck fast ekstatischen Glücks. Er war in Genf angekommen, in der freisinnigen Stadt, die seine protestantische Großmutter so geliebt hatte.

Borges wollte stolz sein auf Argentinien, auf das Land nicht bloß als ein Schicksal, sondern eine Wahl. Er dachte und malte es sich auf seine Weise aus. Und mußte plötzlich feststellen, daß das, was er sich erträumt hatte, mit der Wirklichkeit nichts gemein hatte. Er war zu klug, um wie so viele in seinem sozialen Umfeld zu glauben, daß Perón »Argentinien zerstört« habe. Wenn Perón in Argentinien Gehör gefunden hatte, dann weil er der Wirklichkeit des Landes angemessen war. Und obwohl er das nie zugab, mußte er es erleben. Und das entfremdete ihn dem Vaterland, wie es sich ihm neuerdings darstellte.

»Alle schimpfen sie auf die Konventionen«, pflegte Borges zu sagen, »und huldigen ihnen doch.«

Als Borges zwanzigjährig und unter dem demütigenden Eindruck jener Vorgeschichte, die ich von Cohen-Miller erfuhr, aus Europa eintraf, hatte er sich seinem Schicksal unterworfen. Alle seine Themen aus jener Zeit handeln von Selbstaufgabe, dem Tod, den er in sich zu tragen glaubte. Aber er arrangierte sich, indem er sich selbst etwas vormachte. Wie im Falle der geraubten Engländerin in seiner Erzählung *Geschichte vom Krieger und der Gefangenen*, begriff er diese Unterwerfung als freie Entscheidung.

In seinen letzten Jahren, als er schon frei war von finanziellen und familiären Beschränkungen, begann Borges die Suche nach sich selbst auf die weite Welt auszudehnen, begleitet von einem exotischen *Lazarillo**, von María Kodama, die offenbar ebensowenig an einem bestimmten Ort verwurzelt war.

Es ist in Argentinien ein ungeschriebenes Gesetz, daß ein Argentinier kein Kosmopolit sein kann, ohne sein Vaterland zu verraten. Vor diesem Hintergrund wurde eine Wertschätzung des Werkes von Borges unmöglich, da seine Bedeutung darin liegt, daß ein labyrinthisches Denken, das sich der einzigartigen Erfahrung eines außergewöhnlichen Argentiniers und außerordentlicher Umstände verdankte, universal gültige Inhalte ausdrückte. Das zu akzeptieren, tat sich sein Land schwer. Endlich geschah es aber doch, ohne daß man es verstanden hätte, in den letzten Jahrzehnten eines Jahrhunderts, das sich nicht mehr die Mühe macht, etwas zu verstehen.

Indem er nach Genf ging, um zu sterben, scheint er uns zu sagen, daß Argentinien ein Land ist, das einen Platz auf der internationalen Bühne verdient hätte, und nicht bloß ein ausgedehnter Landstrich im südlichen Ozean, mit Einwohnern ohne das nötige geistige Format, um für internationales Ansehen zu sorgen. Mit seiner skurrilen Art und seiner höchst eigenwilligen Literatur lenkte Borges die Blicke der Welt auf sein Land.

Und wie den langobardischen Krieger und Überläufer Droctulft zog es ihn in eine Stadt, die »vielfach, aber ohne Verworrenheit«** ist. Die Wahlniederlage der Peronisten hatte ihn glauben lassen, Argentinien wäre wieder so, wie er es gerne gehabt hätte. Aber auch in dem neuerdings demokratischen Land fühlte er sich nicht wohl, in dem kleinmütige Leute ohne Augenmaß den Ton angaben und die Machenschaften politischer Provinzkomitees das Land beherrschten. Er wollte Glanz und Würde für sein Vaterland und fand sie dort nicht. Als ihn ein Journalist aus Buenos Aires in Genf anrief, ihn mit dem übli-

---

* Im spanischsprachigen Raum sicher geläufiger als bei uns für »Blindenführer«.
** J.L. Borges, *Geschichte vom Krieger und der Gefangenen.*

chen erpresserischen Patriotismus konfrontierte und fragte, ob
er nicht der Ansicht sei, daß seine Präsenz in Argentinien einen
»kulturellen Wert« darstelle, auf den das Land nicht verzichten
könne, antwortete Borges: »Ich bin ein freier Mann.«

Editorische Notiz

In den Jahren nach 1944, die den biographischen Kern des vorliegenden Buches bilden, stellten sich für Estela Canto erste schriftstellerische Erfolge ein; und gewiß war die Literatur Brückenschlag und Nährboden für die Beziehung zu Borges, dessen internationaler Durchbruch sich in der Zeit ihrer ersten Bekanntschaft anbahnte. Den eigentümlichen Reiz ihrer Erinnerungen bestimmt jedoch der entwaffnend private, »unkollegiale« Blick auf den Menschen Borges in und hinter seinem literarischen Werk. Wenn sich also Estela Canto mit den Texten des Autors beschäftigt, die sie im wörtlichsten Sinne aus erster Hand kannte, dann steht für sie oft der persönliche Eindruck einer mündlichen Mitteilung im Vordergrund, die sich nicht immer mit den Fassungen letzter Hand in dem 1974 erschienenen *Obras Completas* deckte. Dies gewährt dem Leser aber interessante Einblicke in anderweitig nicht verfügbare entstehungsgeschichtliche Zusammenhänge, weshalb die Übersetzung nur dann korrigierend eingegriffen hat, wenn zweifellos ein Versehen der Autorin vorlag. Für die Übertragung der Borges-Zitate wurde nach Möglichkeit der Text der seit 1991 von Gisbert Haefs und Fritz Arnold in zwanzig Einzelbänden herausgegebenen *Gesammelten Werke* (Fischer TB) zugrundegelegt. Lediglich dort, wo die Autorin in ihrer Interpretation auf Formulierungen abhebt, die in der deutschen Fassung nicht wörtlich erhalten geblieben sind, wurde eine textnähere Übersetzung vorgezogen.

Bildnachweis

S. 18, 40, 44, 48, 64, 82, 91, 176, 180, 215, 218 aus Domenico Porzia, *Borges. Imagini di una vita*. Edizioni Studio Tesi. Wir danken dem Carl Hanser Verlag für den freundlichen Hinweis.
S. 23, 28, 56, 59, 89, 150, 166 aus Hans Mann, *Buenos Aires*, 1946
S. 53, 138 aus Oracio Raùl Klappenbach, *Buenos Aires*, 1956
S. 25, 67 aus Oscar Hermes Villordo, *El Grupo Sur*, 1994
S. 79, 223 aus Maria Esther Vazquez, *Victoria Ocampo*, 1991
S. 94, 116, 130, 135, 152 Ullstein Bilderdienst
Alle übrigen Abbildungen Archiv Verlag Antje Kunstmann